大学生形势教育

（2022 年春）

《大学生形势教育》编写组　编

·北京·

国家行政管理出版社

图书在版编目（CIP）数据

大学生形势教育 /《大学生形势教育》编写组编. －北京：
国家行政管理出版社，2021.2（2022.1重印）
ISBN 978-7-5150-2502-5

Ⅰ.①大… Ⅱ.①大… Ⅲ.①时事政策教育－高等
学校－教材 Ⅳ.①G641.41

中国版本图书馆CIP数据核字（2020）第209614号

书　　名	大学生形势教育
	DAXUESHENG XINGSHI JIAOYU
作　　者	《大学生形势教育》编写组
责任编辑	刘　锦　陈　科
出版发行	国家行政管理出版社
	（北京海淀区长春桥路6号，100089）
综 合 办	（010）68928903
发 行 部	（010）68922366　68928870
经　　销	新华书店
印　　刷	北京文昌阁彩色印刷有限责任公司
版　　次	2021年2月第1版
印　　次	2022年1月第3次印刷
开　　本	185毫米 ×260毫米　16开
印　　张	12.5
字　　数	141千字
定　　价	38.00元

本书如有印装问题，可联系调换。联系电话：（010）68929022

本书编写组

（按专题编写排序）

胡　敏　中共中央党校（国家行政学院）报刊社

焦　利　中共中央党校（国家行政学院）报刊社

杜正艾　中共中央党校（国家行政学院）应急管理培训中心

青连斌　中共中央党校（国家行政学院）社会和生态文明教研部

前言 FOREWORD

形势教育是高校思想政治教育的一项重要内容，是我们党的思想政治工作的优良传统。党的十八大以来，以习近平同志为核心的党中央高度重视高等学校思想政治工作和思想政治理论教育。

习近平总书记在 2019 年 3 月 18 日主持召开学校思想政治理论课教师座谈会上发表重要讲话时指出："思想政治理论课是落实立德树人根本任务的关键课程。""青少年阶段是人生的'拔节孕穗期'，最需要精心引导和栽培。""我们办中国特色社会主义教育，就是要理直气壮开好思政课，用新时代中国特色社会主义思想铸魂育人。"我们要积极引导学生增强中国特色社会主义道路自信、理论自信、制度自信、文化自信，厚植爱国主义情怀，把爱国情、强国志、报国行自觉融入坚持和发展中国特色社会主义事业、建设社会主义现代化强国、实现中华民族伟大复兴的奋斗之中。思政课作用不可替代，思政课教师队伍责任重大。

习近平总书记站在培养一代又一代社会主义建设者和接班人的重要保障的战略高度，对加强青少年思想理论教育、开设好思想政治理论课提出了很高要求，这是编写好包括形势教育在内的思想政治理论读物的重要思想依据。

本书编写组牢记习近平总书记的谆谆教诲，从强政治、诉情怀、宽视野、拓思维、严纪律、正人格的基本立场和要求出发，力求紧扣国际、国内形势变化，编写出一本适合大学生需要的思想性、理论性、亲和性、针对性都比较强的形势教育辅导读本。

本书有三个特点：一是以党校（行政学院）系统中一批政治素质过硬、业务功底扎实的长期从事思想理论研究工作的专家教授为编写组成员，确保内容权威准确，自觉弘扬主旋律，积极传递正能量。二是紧扣教育部颁布的《高校"形势与政策"课教学要点（2021年下辑）》中的要点，动态跟踪时政形势变化，努力做到将年度最重要、最受关注的时政热点问题梳理清晰，将党和国家大政方针、党的最新理论创新成果较快地呈现给读者。三是尽可能以清新通俗的文风，将党的创新理论讲生动、将党的路线方针政策讲清楚、将形势发展的逻辑和道理讲明白，努力做到用知识的力量感召读者、以深厚的理论影响读者、以轻松的文风打动读者。

此外，编写组成员都是有使命、有情怀、有积累、有担当的思想理论工作者，由于编写时间紧、形势变化快、水平有限，虽志存高远，但仍力有不逮。我们始终愿意做读者的知心人、热心人、引路人。我们相信，经过更多时间的努力，终会为读者奉上最醇厚、最解渴的时事政策辅导的精品佳作。我们愿意一起努力！

本书编写组

2021 年 12 月

目录 CONTENTS

专题一

领航新征程的行动指南

——学习领会习近平总书记"七一重要讲话"和
党的十九届六中全会精神

知识要点

2021 年是中国共产党历史上、中华民族历史上一个十分重要的年份，中国共产党迎来百年华诞。

这一年的 7 月 1 日，习近平总书记在庆祝中国共产党成立 100 周年大会上发表重要讲话（以下简称"七一重要讲话"），深情回顾中国共产党百年奋斗的光辉历程，高度评价一百年来中国共产党团结带领中国人民创造的伟大成就，精辟概括伟大建党精神，以史为鉴、开创未来，号召全体中国共产党员在新的赶考之路上努力为党和人民争取更大光荣。

这一年的 11 月 8 日至 11 日，中国共产党第十九届中央委员会第六次全体会议胜利举行。全会审议通过了《中共中央关于党的百年奋斗重大成就和历史经验的决议》（以下简称《决议》）。这份历史性决议，聚焦总结党的百年奋斗重大成就和历史经验，突出中国特色社会主义新时代这个重点，体现了党中央对党的百年奋斗的新认识，是新时代中国共产党人牢记初心使命、坚持和发展中国特色社会主义的政治宣言，是以史为鉴、开创未来、实现中华民族伟大复兴的行动指南。

习近平总书记"七一重要讲话"和党的十九届六中全会《决议》，都是纵观党的百年奋斗历史，贯穿马克思主义立场观点方法，体现了正确党史观和大历史观，全面梳理中国共产党一百年来的光辉历程和历史经验，是两篇闪耀着马克思主义真理光芒的纲领性文献。深入学习这两篇光辉文献，深刻把握这两篇历史性文献相互贯通的精神气韵，全面理解这两篇历史性文献一脉相承的思想精髓，能帮助我们从党的百年奋斗中看清楚过去我们为什么能够成功、弄明白未来我们怎样才能继续成功，有助于激励全党更加坚定、更加自觉地践行初心使命，在新时代更好坚持和发展中国特色社会主义，带领中国人民锚定实现第二个百年奋斗目标，意气风发在开创全面建设社会主义现代化强国、实现中华民族伟大复兴的新征程上创造新的辉煌。

知识点一
全面领会两篇光辉文献的思想脉络 深刻感悟党的百年奋斗的历史辉煌

一、认真把握习近平总书记"七一重要讲话"的思想脉络

习近平总书记"七一重要讲话",高屋建瓴、思想深刻、内涵丰富,具有很强的政治性、思想性、理论性,体现了深远的战略思维、强烈的历史担当、真挚的为民情怀,深刻理解这篇光辉文献,可以从"一个主题""四个伟大成就""五个庄严宣告""一个伟大精神""九个必须坚持""一个伟大号召"来宏观地把握这篇讲话的思想脉络。

习近平总书记在"七一重要讲话"中指出,"一百年来,中国共产党团结带领中国人民进行的一切奋斗、一切牺牲、一切创造,归结起来就是一个主题:实现中华民族伟大复兴。"为了这个主题,我们党都始终初心不改、矢志不渝,无论是弱小还是强大,无论是顺境还是逆境,都能团结带领人民不畏强敌、不惧风险、敢于斗争、勇于胜利。为了这个主题,不管形势和任务如何变化,不管遇到什么样的惊涛骇浪,我们党都始终把握历史主动、锚定奋斗目标,沿着正确方向坚定前行。为了这个主题,一代又一代中国共产党人,前仆后继、浴血奋战,艰苦奋斗、无私奉献,谱写了气吞山河的英雄壮歌。为中国人民谋幸福、为中华民族谋复兴的初心使命,为实现中华民族伟大复兴,成为贯穿党的百年奋斗史的一条红线。

习近平总书记在"七一重要讲话"中高度概括了党在一百年奋斗历程

中经过新民主主义革命时期、社会主义革命和建设时期、改革开放和社会主义现代化建设时期、中国特色社会主义进入新时代四个历史阶段取得的"四个伟大成就"，作出了"五个庄严宣告"。习近平总书记回望党的百年奋斗历程，深刻指出，为了实现中华民族伟大复兴，我们党团结带领中国人民浴血奋战、百折不挠，创造了新民主主义革命的伟大成就，以英勇顽强的奋斗向世界庄严宣告，中国人民站起来了，中华民族任人宰割、饱受欺凌的时代一去不复返了！我们党团结带领中国人民自力更生、发愤图强，创造了社会主义革命和建设的伟大成就，以英勇顽强的奋斗向世界庄严宣告，中国人民不但善于破坏一个旧世界、也善于建设一个新世界，只有社会主义才能救中国，只有社会主义才能发展中国！我们党团结带领中国人民解放思想、锐意进取，创造了改革开放和社会主义现代化建设的伟大成就，以英勇顽强的奋斗向世界庄严宣告，改革开放是决定当代中国前途命运的关键一招，中国大踏步赶上了时代！我们党团结带领中国人民自信自强、守正创新，统揽伟大斗争、伟大工程、伟大事业、伟大梦想，创造了新时代中国特色社会主义的伟大成就，以英勇顽强的奋斗向世界庄严宣告，我们实现了第一个百年奋斗目标，在中华大地上全面建成了小康社会，中华民族迎来了从站起来、富起来到强起来的伟大飞跃，实现中华民族伟大复兴进入了不可逆转的历史进程！

一百年来，正是中国共产党团结带领中国人民，以"为有牺牲多壮志，敢教日月换新天"的大无畏气概，开辟了伟大道路、创造了伟大事业、取得了伟大成就，书写了中华民族几千年历史上最恢宏的史诗，也必将载入中华民族发展史册、人类文明发展史册！

在全面总结党的百年奋斗光辉历程和伟大成就基础上，习近平总书记首次精辟概括了"坚持真理、坚守理想，践行初心、担当使命，不怕牺牲、英勇斗争，对党忠诚、不负人民的伟大建党精神"，鲜明指出，伟大建党精神是中国共产党的精神之源，在长期奋斗中构建起中国共产党人的精神谱系，锤炼出鲜明的政治品格。中国共产党人要继续弘扬光荣传统、赓续红色血脉，永远把伟大建党精神继承下去、发扬光大。

"七一重要讲话"用历史映照现实、远观未来，就是要让全党从党的百年奋斗中看清楚过去我们为什么能够成功、弄明白未来我们怎样才能继续成功，从而以史为鉴、开创未来。习近平总书记以"九个必须坚持"总结了党的百年奋斗取得的宝贵历史经验。

在"七一重要讲话"的最后，习近平总书记深刻指出，过去一百年，中国共产党向人民、向历史交出了一份优异的答卷。现在，中国共产党团结带领中国人民又踏上了实现第二个百年奋斗目标新的赶考之路。为此，习近平总书记代表党中央向全体中国共产党员发出号召："牢记初心使命，坚定理想信念，践行党的宗旨，永远保持同人民群众的血肉联系，始终同人民想在一起、干在一起，风雨同舟、同甘共苦，继续为实现人民对美好生活的向往不懈努力，努力为党和人民争取更大光荣！"这是历史的回响，更是时代的动员令。

二、认真把握党的十九届六中全会《决议》的思想脉络

党的十九届六中全会《决议》，同样是以宏大的历史视野和精准的历史叙事，按照总结历史、把握规律、坚定信心、走向未来的要求，对波澜壮

阔党的百年奋斗历程进行了全面总结。

整个《决议》共 3.9 万字，坚持辩证唯物主义和历史唯物主义的方法论，用具体历史的、客观全面的、联系发展的观点来看待党的历史，聚焦总结党的百年奋斗重大成就和历史经验，突出中国特色社会主义进入新时代党和国家事业取得的历史性成就、发生的历史性变革及新鲜经验，又注重党的百年历史上重大事件、重要会议、重要人物的评价同党中央已有结论相衔接，充分体现党中央对党的百年奋斗的新认识。

《决议》序言部分全面总结党的百年奋斗重大成就和历史经验，除序言和结束语以外，共分 7 个部分。《决议》从第一部分到第四部分按照时间顺序，从我们党带领中国人民经历新民主主义革命时期、社会主义革命和建设时期、改革开放和社会主义现代化建设时期、中国特色社会主义进入新时代四个历史阶段所面临的主要任务、取得的四次伟大成就、实现的四次伟大飞跃、揭示出的深刻道理，鲜明展示了党和人民历尽千辛万苦、付出巨大牺牲，创造的一个又一个彪炳史册的人间奇迹和历史辉煌。在这四个部分总结历史脉络中，《决议》以厚重的笔墨特别指出了理论创新对引领党和国家事业发展作出的卓著的思想理论贡献，《决议》指出：在新民主主义革命时期、社会主义革命和建设时期，创立的毛泽东思想，是马克思列宁主义在中国的创造性运用和发展，是被实践证明了的关于中国革命和建设的正确的理论原则和经验总结，是马克思主义中国化的第一次历史性飞跃。在改革开放和社会主义现代化建设新时期，形成的中国特色社会主义理论体系，从新的实践和时代特征出发坚持和发展马克思主义，科学回答了建设中国特色社会主义的发展道路、发展阶段、根本任务、发展动力、发展战略、政治保证、祖国统一、外交和国际战略、领导力量和依靠力量等一系列基本问题，实现了马克思主义中国化新的飞跃。中国特色社会主义进入新时代，创立的习近平新时代中国特色社会主义思想系统回答了新时代坚持和发展什么样的中国特色社会主义、怎样坚持和发展中国特色社会主义，建设什么样的社会主义现代化强国、怎样建设社会主义现代化强国，建设什么样的长期执政的马克思主义政党、怎样建设长期执政的马克思主义政党等重大时代课题，是当代中国马克思主义、二十一世纪马克思主义，是中华文化和中国精神的时代精华，实现了马克思主义中国化新的飞跃。

《决议》第五部分则在全面回顾总结党的百年奋斗历程和重大成就基础上，以更宏阔的视角，从五个方面总结了党的百年奋斗的历史意义，即党的百年奋斗从根本上改变了中国人民的前途命运、开辟了实现中华民族伟大复兴的正确道路、展示了马克思主义的强大生命力、深刻影响了世界历史进程、锻造了走在时代前列的中国共产党，阐述党对中国人民、对中华民族、对马克思主义、对人类进步事业、对马克思主义政党建设所作的历史性贡献。这五条概括，既立足中华大地，又放眼人类未来，体现了中国共产党和中国人民、中华民族的关系，体现了中国共产党和马克思主义、世界社会主义、人类社会发展的关系，贯通了中国共产党百年奋斗的历史逻辑、理论逻辑、实践逻辑。

《决议》第六部分以"坚持党的领导、坚持人民至上、坚持理论创新、坚持独立自主、坚持中国道路、坚持胸怀天下、坚持开拓创新、坚持敢于斗争、坚持统一战线、坚持自我革命"概括了具有根本性和长远指导意义的十条历史经验，十条历史经验系统完整、相互贯通，深刻揭示了党和人民事业不断成功的根本保证、党始终立于不败之地的力量源泉、党始终掌握历史主动的根本原因、党永葆先进性和纯洁性、始终走在时代前列的根本途径。《决议》指出，这十条历史经验是经过长期实践积累的宝贵经验，是党和人民共同创造的精神财富，必须倍加珍惜、长期坚持，并在新时代实践中不断丰富和发展。

《决议》第七部分立足新的历史方位，指出了新时代的中国共产党要紧紧围绕实现第二个百年奋斗目标，以咬定青山不放松的执着奋力实现既定目标，以行百里者半九十的清醒不懈推进中华民族伟大复兴；必须坚持党的基本理论、基本路线、基本方略，立足新发展阶段、贯彻新发展理念、构建新发展格局、推动高质量发展，协同推进人民富裕、国家强盛、中国美丽；必须永远保持同人民群众的血肉联系，不断实现好、维护好、发展好最广大人民根本利益；必须铭记生于忧患、死于安乐，常怀远虑、居安思危，继续推进新时代党的建设新的伟大工程；必须抓好后继有人这个根本大计。

《决议》最后的结束语，号召全党全军全国各族人民勿忘昨天的苦难辉煌，无愧今天的使命担当，不负明天的伟大梦想，以史为鉴、开创未来，埋头苦干、勇毅前行，为实现第二个百年奋斗目标、实现中华民族伟大复兴的中国梦而不懈奋斗。

深刻领会党的十九届六中全会《决议》的精髓要义，可以用这样一组数字重点加以把握：把握一个"1"，即这是一个产生于中国特色社会主义新时代的党的历史性决议；把握两个"2"，"两个结合"即习近平新时代中国特色社会主义思想是把马克思主义基本原理同中国具体实际相结合、同中华优秀传统文化相结合，"两个确立"即党确立习近平同志党中央的核心、全党的核心地位，确立习近平新时代中国特色社会主义思想的指导地位；把握一个"3"，即习近平新时代中国特色社会主义思想回答了三个重大时代课题；把握三个"4"，即党百年奋斗的四个时期创造的四个伟大成就、实现了实践上的四次伟大飞跃；把握两个"5"，即党百年奋斗的五大历史意义，新时代中国共产党人都要做到"五个必须"；把握两个"10"，即习近平新时代中国特色社会主义思想内涵的"十个明确"，中国共产党百年奋斗积累的十条宝贵历史经验；把握一个"13"，即新时代党和国家事业在 13 个领域取得的历史性成就、发生的历史性变革。

知识点二
深刻领悟过去我们为什么能够成功
弄明白未来我们怎样才能继续成功

习近平总书记在"七一重要讲话"中指出，"以史为鉴，可以知兴替。我们要用历史映照现实、远观未来，从中国共产党的百年奋斗中看清楚过去我们为什么能够成功、弄明白未来我们怎样才能继续成功，从而在新的征程上更加坚定、更加自觉地牢记初心使命、开创美好未来。"

党的十九届六中全会《决议》在开篇写道："总结党的百年奋斗重大成就和历史经验，是在建党百年历史条件下开启全面建设社会主义现代化国家新征程、在新时代坚持和发展中国特色社会主义的需要；是增强政治意识、大局意识、核心意识、看齐意识，坚定道路自信、理论自信、制度自信、文化自信，做到坚决维护习近平同志党中央的核心、全党的核心地位，坚决维护党中央权威和集中统一领导，确保全党步调一致向前进的需要；是推进党的自我革命、提高全党斗争本领和应对风险挑战能力、永葆党的生机活力、团结带领全国各族人民为实现中华民族伟大复兴的中国梦而继续奋斗的需要。"

习近平总书记在"七一重要讲话"和党的十九届六中全会《决议》都是站在党的百年历史进程基础上，全面总结了党的百年奋斗取得的重大成就和宝贵历史经验，视野极其宽阔，内容极其丰富，思想极其深刻，无论是回溯一百年来党带领人民为了实现中华民族谋复兴这个主题历经苦难辉煌、玉汝于成的伟大奋斗历程，还是从全面总结以史为鉴、开创未来的"九个必须坚持"，概括中国共产党百年奋斗长期积累的具有根本性和长远指导意义的十条宝贵经验。

一、全党要牢记中国共产党是什么、要干什么这个根本问题

《决议》指出："全党要牢记中国共产党是什么、要干什么这个根本问题"。所谓根本问题，就是要深刻理解中国共产党的性质宗旨，就是要深刻理解中国共产党的初心使命，就是要深刻理解中国共产党是从哪里来、要到哪里去。

1. 回答中国共产党是什么，关乎党的性质宗旨

《中国共产党党章》规定：中国共产党是中国工人阶级的先锋队，同时是中国人民和中华民族的先锋队，是中国特色社会主义事业的领导核心，

代表中国先进生产力的发展要求，代表中国先进文化的前进方向，代表中国最广大人民的根本利益。2021 年 8 月，中宣部发布《中国共产党的历史使命与行动价值》，从党是全心全意为人民服务的政党、是为实现理想不懈奋斗的政党、是具有强大领导力执政力的政党、是始终保持旺盛生机和活力的政党、是为人类和平与发展贡献力量的政党五个方面，清晰回答了中国共产党是一个什么样的政党。

深刻理解中国共产党的性质宗旨，又需要理解中国共产党是从哪里来。

习近平总书记在"七一重要讲话"中指出，中华民族是世界上伟大的民族，有着 5000 多年源远流长的文明历史，为人类文明进步作出了不可磨灭的贡献。1840 年鸦片战争以后，中国逐步成为半殖民地半封建社会，国家蒙辱、人民蒙难、文明蒙尘，中华民族遭受了前所未有的劫难。从那时起，实现中华民族伟大复兴，就成为中国人民和中华民族最伟大的梦想。为了拯救民族危亡，中国人民奋起反抗，仁人志士奔走呐喊，太平天国运动、戊戌变法、义和团运动、辛亥革命接连而起，各种救国方案轮番出台，但都以失败而告终。中国迫切需要新的思想引领救亡运动，迫切需要新的组织凝聚革命力量。

十月革命一声炮响，给中国送来了马克思列宁主义。在中国人民和中华民族的伟大觉醒中，在马克思列宁主义同中国工人运动的紧密结合中，中国共产党应运而生。中国产生了共产党，这是开天辟地的大事变，深刻改变了近代以后中华民族发展的方向和进程，深刻改变了中国人民和中华民族的前途和命运，深刻改变了世界发展的趋势和格局。历史和人民选择了中国共产党。

习近平总书记在"七一重要讲话"中深刻指出，"中国共产党一经诞生，就把为中国人民谋幸福、为中华民族谋复兴确立为自己的初心使命。"不忘初心，方得始终，这个初心和使命是激励中国共产党人不断前进的根本动力。

2. 回答中国共产党要干什么，关乎党的使命任务

深刻理解中国共产党的使命任务，就需要理解中国共产党带领中国人民和中华民族到哪里去。《中国共产党党章》明确指出，党的最高理想和最终目标是实现共产主义。实现共产主义是中国共产党人的远大理想，而在这一历史进程中，就是要牢固树立中国特色社会主义的共同理想，不断推进实现中华民族伟大复兴。

习近平总书记指出，"一百年来，中国共产党团结带领中国人民进行的一切奋斗、一切牺牲、一切创造，归结起来就是一个主题：实现中华民族伟大复兴。"

中国共产党从登上中国政治舞台的那一刻起，就始终不渝为中国人民谋幸福、为中华民族谋复兴。为了实现中华民族伟大复兴，一百年来，不管形势和任务如何变化，不管遇到什么样的惊涛骇浪，我们党都始终把握历史主动、锚定奋斗目标，沿着正确方向坚定前行。

党的十九届六中全会《决议》指出："新民主主义革命时期，党面临的主要任务是，反对帝国主义、封建主义、官僚资本主义，争取民族独立、人民解放，为实现中华民族伟大复兴创造根本社会条件。"在革命斗争中，党弘扬坚持真理、坚守理想，践行初心、担当使命，不怕牺牲、英勇斗争，

对党忠诚、不负人民的伟大建党精神，实施和推进党的建设伟大工程，提出着重从思想上建党的原则，坚持民主集中制，坚持理论联系实际、密切联系群众、批评和自我批评三大优良作风，形成统一战线、武装斗争、党的建设三大法宝，努力建设全国范围的、广大群众性的、思想上政治上组织上完全巩固的马克思主义政党。在这个时期，我们党在经济文化落后、农民占绝大多数的情况下，通过党的建设，特别是通过思想建党，确保党的性质，坚决地承担起反对帝国主义、封建主义、官僚资本主义的历史任务。经过北伐战争、土地革命战争、抗日战争、解放战争血与火的洗礼，党始终保持了政治本色，又完成了伟大的历史任务。

党的十九届六中全会《决议》指出："社会主义革命和建设时期，党面临的主要任务是，实现从新民主主义到社会主义的转变，进行社会主义革命，推进社会主义建设，为实现中华民族伟大复兴奠定根本政治前提和制度基础。"党充分预见到在全国执政面临的新挑战，早在解放战争取得全国胜利前夕召开的党的七届二中全会就向全党提出，务必继续保持谦虚、谨慎、不骄、不躁的作风，务必继续保持艰苦奋斗的作风。新中国成立后，党着重提出执政条件下党的建设的重大课题，从思想上组织上作风上加强党的建设、巩固党的领导。党开展整风整党，加强党内教育，整顿基层党组织，提高党员条件，反对官僚主义、命令主义和贪污浪费。党高度警惕并着力防范党员干部腐化变质，坚决惩治腐败。这些重要举措，增强了党的纯洁性和全党的团结，密切了党同人民群众的联系，积累了执政党建设的初步经验。在这一时期，我们党在执掌政权后，牢记"两个务必"，着力解决好"其兴也勃焉，其亡也忽焉"的历史性课题，始终保持革命本色，团结带领人民艰苦奋斗，实现从新民主主义到社会主义的转变，进行社会主义革命，推进社会主义建设。

党的十九届六中全会《决议》指出："改革开放和社会主义现代化建设新时期，党面临的主要任务是，继续探索中国建设社会主义的正确道路，解放和发展社会生产力，使人民摆脱贫困、尽快富裕起来，为实现中华民族伟大复兴提供充满新的活力的体制保证和快速发展的物质条件。"党始终强调，治国必先治党，治党务必从严，聚精会神抓好党的建设，开创和推进党的建设新的伟大工程。党制定关于党内政治生活的若干准则，健全民主集中制，发扬党内民主，实现党内政治生活正常化；有计划有步骤地进行整党，着力解决党内思想不纯、作风不纯、组织不纯问题；按照革命化、年轻化、知识化、专业化方针加强干部队伍建设。党围绕解决好提高党的领导水平和执政水平、提高拒腐防变和抵御风险能力这两大历史性课题，以执政能力建设和先进性建设为主线，加强党同人民群众联系、加强和改进党的作风建设、加强党的执政能力建设，推进惩治和预防腐败体系建设。在这一时期，党带领人民实现了从生产力相对落后的状况到经济总量跃居世界第二的历史性突破，实现了人民生活从温饱不足到总体小康、奔向全面小康的历史性跨越，中国大踏步赶上了时代。

党的十九届六中全会《决议》指出："党的十八大以来，中国特色社会主义进入新时代。党面临的主要任务是，实现第一个百年奋斗目标，开启实现第二个百年奋斗目标新征程，朝着实现中华民族伟大复兴的宏伟目标继续前进。"在中国特色社会主义新时代，我们党面对世界百年未有之大变局，聚焦实现中华民族伟大复兴这一主题，强调要继续推进党的建设新的伟大工程，努力把党建设成为始终走在时代前列、人民衷心拥护、勇于自我革命、经得起各种风浪考验、朝气蓬勃的马克思主义执政党。按照这一要求，我们把全面加强党的领导作为新时代坚持和发展中国特色社会主义的根本保证，把全面从严治党纳入"四个全面"战略布局；全面推进党的政治建设、思想建设、组织建设、作风建设、纪律建设，把制度建设贯穿其中，深入推进反腐败斗争，不断提高党的建设质量，党的建设新的伟大工程呈现出崭新局面，党和国家事业取得历史性成就、发生历史性变革，中华民族迎来了从站起来、富起来到强起来的伟大飞跃。

一百年来，我们党正是始终牢记中国共产党是什么、要干什么这个根本问题，才能领导人民经过波澜壮阔的伟大斗争，让中国人民彻底摆脱了被欺负、被压迫、被奴役的命运，成为国家、社会和自己命运的主人，人民民主不断发展，十四亿多人口实现全面小康，中国人民对美好生活的向往不断变为现实。

我们党也深刻认识到：江山就是人民、人民就是江山，打江山、守江山，守的是人民的心。中国共产党根基在人民、血脉在人民、力量在人民。中国共产党始终代表最广大人民根本利益，与人民休戚与共、生死相依，没有任何自己特殊的利益，从来不代表任何利益集团、任何权势团体、任何特权阶层的利益。人民是党执政兴国的最大底气，民心是最大的政治。党的最大政治优势是密切联系群众，党执政后的最大危险是脱离群众。这是党立于不败之地的根本所在。"坚持人民至上"也成为党的百年奋斗取得的宝贵历史经验之一。

今天，中国人民更加自信、自立、自强，极大增强了志气、骨气、底气，在历史进程中积累的强大能量充分爆发出来，焕发出前所未有的历史主动精神、历史创造精神，正在信心百倍书写着新时代中国发展的伟大历史。

新的征程上，我们党只要紧紧依靠人民创造历史，坚持全心全意为人民服务的根本宗旨，站稳人民立场，贯彻党的群众路线，尊重人民首创精神，践行以人民为中心的发展思想，发展全过程人民民主，维护社会公平正义，着力解决发展不平衡不充分问题和人民群众急难愁盼问题，推动人的全面发展、全体人民共同富裕取得更为明显的实质性进展，就一定能够领导人民夺取中国特色社会主义新的更大胜利，任何想把中国共产党同中国人民分割开来、对立起来的企图就永远不会得逞。

二、中国共产党为什么能、中国特色社会主义为什么好，归根结底是因为马克思主义为什么行！

思想就是力量。一个民族要走在时代前列，就一刻不能没有理论思维，一刻不能没有思想指引。

马克思主义创建了唯物史观和剩余价值学说，揭示了人类社会发展的一般规律，为人类指明了从必然王国向自由王国飞跃的途径，为人民指明了实现自由和解放的道路。马克思、恩格斯撰写的《共产党宣言》发表170年来，马克思主义在世界上得到广泛传播。在人类思想史上，没有一种思想理论像马克思主义那样对人类产生了如此广泛而深刻的影响。在马克思主义的影响下，马克思主义政党在世界范围内如雨后春笋般建立和发展起来，人民第一次成为自己命运的主人，成为实现自身解放和全人类解放的根本政治力量。马克思主义以其真理的力量极大推进了人类文明进程，也深刻影响和改变了中国。

在近代中国最危急的时刻，马克思主义在中国的广泛传播催生了中国共产党，中国共产党人一经找到马克思主义，就将其写在党的旗帜上，成为我们立党立国的根本指导思想。一百年来，中国共产党坚持把马克思列宁主义同中国实际相结合，用博大胸怀吸收人类创造的一切优秀文明成果，用马克思主义中国化的科学理论引领伟大实践，用马克思主义真理的力量激活了中华民族历经几千年创造的伟大文明，使中华文明再次迸发出强大精神力量。实践证明，马克思主义是我们党认识世界、把握规律、追求真理、改造世界的强大思想武器。

习近平总书记在"七一重要讲话"中指出，"中国共产党坚持马克思主义基本原理，坚持实事求是，从中国实际出发，洞察时代大势，把握历史主动，进行艰辛探索，不断推进马克思主义中国化时代化，指导中国人民不断推进伟大社会革命。"

党的十九届六中全会《决议》深刻指出，"马克思主义理论不是教条而是行动指南，必须随着实践发展而发展，必须中国化才能落地生根、本土化才能深入人心。"《决议》也深刻揭示了马克思主义中国化时代化的历史进程，深刻总结了马克思主义中国化的三次历史性飞跃。

《决议》指出：在革命斗争中，以毛泽东同志为主要代表的中国共产党人，把马克思列宁主义基本原理同中国具体实际相结合，对经过艰苦探索、付出巨大牺牲积累的一系列独创性经验做了理论概括，开辟了农村包围城市、武装夺取政权的正确革命道路，创立了毛泽东思想，为夺取新民主主义革命胜利指明了正确方向。在社会主义革命和建设时期，毛泽东同志提出把马克思列宁主义基本原理同中国具体实际进行"第二次结合"，提出关于社会主义建设的一系列重要思想，从而结合新的实际进一步丰富和发展毛泽东思想。毛泽东思想是马克思列宁主义在中国的创造性运用和发展，是被实践证明了的关于中国革命和建设的正确的理论原则和经验总结，是马克思主义中国化的第一次历史性飞跃，为党和人民事业发展提供了科学指引。

《决议》指出：党的十一届三中全会以后，以邓小平同志为主要代表的中国共产党人，团结带领全党全国各族人民，深刻总结新中国成立以来正反两方面经验，围绕什么是社会主义、怎样建设社会主义这一根本问题，借鉴世界社会主义历史经验，创立了邓小平理论。党的十三届四中全会以后，以江泽民同志为主要代表的中国共产党人，团结带领全党全国各族人民，坚持党的基本理论、基本路线，加深了对什么是社会主义、怎样建设社会主义和建设什么样的党、怎样建设党的认识，形成了"三个代表"重要思想。党的十六大以后，以胡锦涛同志为主要代表的中国共产党人，团结带领全党全国各族人民，在全面建设小康社会进程中推进实践创新、理论创新、制度创新，深刻认识和回答了新形势下实现什么样的发展、怎样发展等重大问题，形成了科学发展观。在改革开放和社会主义现代化建设新时期，党从新的实践和时代特征出发坚持和发展马克思主义，科学回答了建设中国特色社会主义的发展道路、发展阶段、根本任务、发展动力、发展战略、政治保证、祖国统一、外交和国际战略、领导力量和依靠力量等一系列基本问题，形成中国特色社会主义理论体系，实现了马克思主义中国化新的飞跃。

《决议》指出：党的十八大以来，中国特色社会主义进入新时代，这是我国发展新的历史方位。以习近平同志为核心的党中央，以伟大的历史主动精神、巨大的政治勇气、强烈的责任担当，统筹把握中华民族伟大复兴战略全局和世界百年未有之大变局国内国际两个大局，贯彻党的基本理论、基本路线、基本方略，统揽伟大斗争、伟大工程、伟大事业、伟大梦想，坚持稳中求进工作总基调，出台一系列重大方针政策，推出一系列重大举措，推进一系列重大工作，战胜一系列重大风险挑战，解决了许多长期想解决而没有解决的难题，办成了许多过去想办而没有办成的大事，推动党和国家事业取得历史性成就、发生历史性变革。

在实践创新的基础上，以习近平同志为主要代表的中国共产党人，坚持把马克思主义基本原理同中国具体实际相结合、同中华优秀传统文化相结合，坚持毛泽东思想、邓小平理论、"三个代表"重要思想、科学发展观，深刻总结并充分运用党成立以来的历史经验，从新的实际出发，创立了习近平新时代中国特色社会主义思想。

党的十八大以来，习近平总书记对关系新时代党和国家事业发展的一系列重大理论和实践问题进行了深邃思考和科学判断，就新时代坚持和发展什么样的中国特色社会主义、怎样坚持和发展中国特色社会主义，建设什么样的社会主义现代化强国、怎样建设社会主义现代化强国，建设什么样的长期执政的马克思主义政党、怎样建设长期执政的马克思主义政党等重大时代课题，提出一系列原创性的治国理政新理念新思想新战略，是习近平新时代中国特色社会主义思想的主要创立者。为此，《决议》指出：习近平新时代中国特色社会主义思想是当代中国马克思主义、二十一世纪马克思主义，是中华文化和中国精神的时代精华，实现了马克思主义中国化新的飞跃。

纵观我们党一百年来三次理论创新的历史性飞跃，充分显示：我们党之所以能够领导人民在一次次求索、一次次挫折、一次次开拓中完成中国其他各种政治力量不可能完成的艰巨任务，根本在于坚持解放思想、实事求是、与时俱进、求真务实，用马克思主义观察时代、把握时代、引领时代，坚持实践是检验真理的唯一标准，坚持一切从实际出发及时回答时代之问、人民之问，不断推进马克思主义中国化时代化，用马克思主义中国化的科学理论引领伟大的社会革命，坚持和发展了中国特色社会主义这一实现中华民族伟大复兴的正确道路，创造了中国式现代化新道路，创造了人类文明新形态，从而展示了马克思主义的强大生命力，马克思主义的科学性和真理性在中国得到充分检验，马克思主义的人民性和实践性在中国得到充分贯彻，马克思主义的开放性和时代性在中国得到充分彰显。

党百年奋斗的实践充分证明：中国共产党为什么能，中国特色社会主义为什么好，归根到底是因为马克思主义行！坚持理论创新也成为党的百年奋斗重要历史经验之一。

党的十八大以来，以习近平同志为核心的党中央勇于结合新的实践不断推进理论创新、善于用新的理论指导新的实践，领导全党全军全国各族人民砥砺前行，全面建成小康社会目标如期实现，党和国家事业取得历史性成就、发生历史性变革，彰显了中国特色社会主义的强大生机活力，党心军心民心空前凝聚振奋，为实现中华民族伟大复兴提供了更为完善的制度保证、更为坚实的物质基础、更为主动的精神力量，中华民族迎来了从站起来、富起来到强起来的伟大飞跃，实现中华民族伟大复兴进入了不可逆转的历史进程。就此，《决议》作出一个重大论断：党确立习近平同志党中央的核心、全党的核心地位，确立习近平新时代中国特色社会主义思想的指导地位，反映了全党全军全国各族人民共同心愿，对新时代党和国家事业发展、对推进中华民族伟大复兴历史进程具有决定性意义。

三、全党必须铭记生于忧患死于安乐，不断推进党的建设新的伟大工程

新华社记者在党的十九届六中全会侧记《为了更加伟大的胜利和荣光》一文中有这样一个纪实画面：习近平总书记在决议稿审议中与中央委员们专门提到了著名的"窑洞对"。习近平总书记说，我们党历史这么长、规模这么大、执政这么久，如何跳出治乱兴衰的历史周期率？毛泽东同志在延安窑洞里给出了第一个答案，这就是"只有让人民起来监督政府，政府才不敢松懈"；经过百年奋斗特别是党的十八大以来新的实践，我们党又给出了第二个答案，这就是自我革命。

习近平总书记强调，"我们党历经百年、成就辉煌，党内党外、国内国外赞扬声很多。越是这样越要发扬自我革命精神，千万不能在一片喝彩声中迷失自我。"

在"七一重要讲话"中，习近平总书记鲜明指出，"勇于自我革命是中国共产党区别于其他政党的显著标志。我们党历经千锤百炼而朝气蓬勃，一个很重要的原因就是我们始终坚持党要管党、全面从严治党，不断应对

好自身在各个历史时期面临的风险考验，确保我们党在世界形势深刻变化的历史进程中始终走在时代前列，在应对国内外各种风险挑战的历史进程中始终成为全国人民的主心骨。"以史为鉴、开创未来，就必须不断推进党的建设新的伟大工程。

党的十八大以来，针对党内出现的管党不力、治党不严问题，有些党员、干部政治信仰出现严重危机，一些地方和部门选人用人风气不正，形式主义、官僚主义、享乐主义和奢靡之风盛行，特权思想和特权现象较为普遍存在。特别是存在严重影响党的形象和威信，严重损害党群干群关系的"七个有之"问题，习近平同志强调，打铁必须自身硬，办好中国的事情，关键在党，关键在党要管党、全面从严治党。以习近平同志为核心的党中央必须以加强党的长期执政能力建设、先进性和纯洁性建设为主线，以党的政治建设为统领，以坚定理想信念宗旨为根基，以调动全党积极性、主动性、创造性为着力点，不断提高党的建设质量。党中央从制订和落实中央八项规定破题，坚持从中央政治局做起、从领导干部抓起，以上率下改进工作作风；以永远在路上的清醒和坚定，坚持严的主基调，突出抓住"关键少数"，落实主体责任和监督责任，强化监督执纪问责，把全面从严治党贯穿于党的建设各方面；坚持无禁区、全覆盖、零容忍，以猛药去疴、重典治乱的决心，以刮骨疗毒、壮士断腕的勇气，坚定不移"打虎""拍蝇""猎狐"，坚决整治群众身边腐败问题，深入开展国际追逃追赃，清除一切腐败分子。经过坚决斗争，全面从严治党的政治引领和政治保障作用充分发挥，党的自我净化、自我完善、自我革新、自我提高能力显著增强，管党治党宽松软状况得到根本扭转，反腐败斗争取得压倒性胜利并全面巩固，消除了党、国家、军队内部存在的严重隐患，党在革命性锻造中更加坚强。

党的十九届六中全会《决议》将"坚持自我革命"列入党的百年奋斗的重要历史经验之一，指出："勇于自我革命是中国共产党区别于其他政党的显著标志。自我革命精神是党永葆青春活力的强大支撑。先进的马克思主义政党不是天生的，而是在不断自我革命中淬炼而成的。党历经百年沧桑更加充满活力，其奥秘就在于始终坚持真理、修正错误。党的伟大不在于不犯错误，而在于从不讳疾忌医，积极开展批评和自我批评，敢于直面问题，勇于自我革命。"

习近平总书记在"七一重要讲话"中也鲜明指出，"新的征程上，我们要牢记打铁必须自身硬的道理，增强全面从严治党永远在路上的政治自觉，以党的政治建设为统领，继续推进新时代党的建设新的伟大工程，不断严密党的组织体系，着力建设德才兼备的高素质干部队伍，坚定不移推进党风廉政建设和反腐败斗争，坚决清除一切损害党的先进性和纯洁性的因素，清除一切侵蚀党的健康肌体的病毒，确保党不变质、不变色、不变味，确保党在新时代坚持和发展中国特色社会主义的历史进程中始终成为坚强领导核心！"

《决议》在第七部分要求新时代的中国共产党必须铭记生于忧患、死于安乐，常怀远虑、居安思危。要求全党同志勇敢面对党面临的长期执政考验、改革开放考验、市场经济考验、外部环境考验，坚决战胜精神懈怠的危险、能力不足的危险、脱离群众的危险、消极腐败的危险。必须保持越是艰险越向前的英雄气概，敢于斗争、善于斗争，逢山开道、遇水架桥，做到难不住、压不垮，推动中国特色社会主义事业航船劈波斩浪、一往无前。

知识点三
广大青年要勇立潮头勇担历史使命
成为堪当民族复兴重任的时代新人

青年兴则国家兴，青年强则国家强。青年一代有理想、有本领、有担当，国家就有前途，民族就有希望。

实现中华民族伟大复兴的中国梦是历史的、现实的，也是未来的。中华民族伟大复兴的中国梦终将在一代代青年的接力奋斗中变为现实。

习近平总书记在"七一重要讲话"中深情地指出，未来属于青年，希望寄予青年。一百年前，一群新青年高举马克思主义思想火炬，在风雨如晦的中国苦苦探寻民族复兴的前途。一百年来，在中国共产党的旗帜下，一代代中国青年把青春奋斗融入党和人民事业，成为实现中华民族伟大复兴的先锋力量。新时代的中国青年要以实现中华民族伟大复兴为己任，增强做中国人的志气、骨气、底气，不负时代，不负韶华，不负党和人民的殷切期望！

党的十九届六中全会《决议》也明确提出："党和人民事业发展需要一代代中国共产党人接续奋斗，必须抓好后继有人这个根本大计。"这里的后继有人最重要的就是广大青年人才。《决议》指出，要坚持用习近平新时代中国特色社会主义思想教育人，用党的理想信念凝聚人，用社会主义核心价值观培育人，用中华民族伟大复兴历史使命激励人，培养造就大批堪当时代重任的接班人。

——源源不断培养选拔德才兼备、忠诚干净担当的高素质专业化干部特别是优秀年轻干部，教育引导广大党员、干部自觉做习近平新时代中国特色社会主义思想的坚定信仰者和忠实实践者，牢记空谈误国、实干兴邦的道理，树立不负人民的家国情怀、追求崇高的思想境界、增强过硬的担当本领。

——源源不断把各方面先进分子特别是优秀青年吸收到党内来，教育引导青年党员永远以党的旗帜为旗帜、以党的方向为方向、以党的意志为意志，赓续党的红色血脉，弘扬党的优良传统，在斗争中经风雨、见世面、壮筋骨、长才干。

——源源不断培养造就爱国奉献、勇于创新的优秀人才，真心爱才、悉心育才、精心用才，把各方面优秀人才集聚到党和人民的伟大奋斗中来。

一百年前，中华民族呈现在世界面前的是一派衰败凋零的景象。今天，中华民族向世界展现的是一派欣欣向荣的气象。中华民族正以不可阻挡的步伐迈向伟大复兴。

过去一百年，中国共产党向人民、向历史交出了一份优异的答卷。现在，中国共产党团结带领中国人民又踏上了实现第二个百年奋斗目标新的赶考之路。

新时代为当代中国青年搭建了无比广阔的实现人生出彩的舞台。站在"两个一百年"的历史交汇点上，中华民族伟大复兴曙光在前、前途光明。同时，也面临着难得的机遇，严峻的挑战。越是接近奋斗目标、越是面对风险挑战，广大青年越要坚定理想信念，志存高远，脚踏实地，勇做时代的弄潮儿，在实现中国梦的生动实践中放飞青春梦想，在为人民利益的不懈奋斗中书写人生华章！

参考文献

[1] 习近平：《在庆祝中国共产党成立 100 周年大会上的讲话》，《人民日报》2021 年 7 月 2 日。

[2] 习近平：《关于〈中共中央关于党的百年奋斗重大成就和历史经验的决议〉的说明》，《人民日报》2021 年 11 月 17 日。

思考题

1. 如何理解习近平总书记在"七一重要讲话"中提出的伟大建党精神？

2. 如何全面理解党的十九届六中全会《决议》全面总结的党的百年奋斗取得的伟大成就和宝贵的历史经验？

专题二

中国经济是一片大海

——全面客观辩证看待我国经济发展的向好态势

知识要点

2021年是党和国家历史上具有里程碑意义的一年，我们党迎来百年华诞，百年大党依然风华正茂。这一年也是"十四五"规划和全面建设社会主义现代化国家新征程开局之年，以习近平同志为核心的党中央面对国内外风险挑战增多的复杂局面，从容应对百年变局和世纪疫情冲击，奋力完成改革发展艰巨任务，实现"十四五"稳健开局。但面对国内外错综复杂的新形势、新挑战，我国经济下行压力持续加大，经济运行中也出现了不少困难和问题。我们要全面客观辩证看待我国经济发展，观大势、谋大局、抓大事，锚定既定目标，坚定发展信心，在踏上建设社会主义现代化国家新征程上努力开创我国经济高质量发展的新局面。

知识点一
面对国内外复杂形势中国经济彰显强大韧性和活力

历在过去的2021年，尽管国内外经济形势异常复杂，以习近平同志为核心的党中央统筹国内国际两个大局，坚持稳中求进工作总基调，立足新发展阶段，贯彻新发展理念，构建新发展格局，巩固拓展疫情防控和经济社会发展成果，我国经济发展继续保持全球领先地位，中国经济充分展现了强大韧性和旺盛活力。

一、经济增长保持国际领先

我国不断改善和创新宏观调控，实施经济政策逆周期调节和跨周期调节协同推进，积极的财政政策效能提升，稳健的货币政策灵活精准，就业优先政策不断强化，国内生产总值继续保持较快增长，经济运行保持在合理区间。2021年前三季度，我国经济增速为9.8%，明显高于美国、日本、德国等世界主要经济体5.7%、2.4%、3.0%的经济增速。尽管前三季度受疫情、汛情等多重因素冲击，我国经济增速有所放缓，但经济稳定恢复的态势没有改变，第四季度以来重要经济指标逐步回升，全年经济增长完全能够实现2021年两会审议通过的《政府工作报告》确定的经济增长6%以上的预期目标。

二、粮食连年增产生产再获丰收

尽管夏季以来受到部分地区汛期灾情影响，但稳农稳粮政策不松懈。2021年12月6日，国家统计局公布的全国粮食生产数据显示，2021年全国粮食总产量13657亿斤，比上年增产267亿斤，全年粮食产量再创新高，连续7年保持在1.3万亿斤以上。这意味着，我国粮食产量实现"十八连丰"。粮食安全有保障，支撑了市场物价基本稳定，农业基础地位更加稳固，为我国经济持续健康发展打下坚实基础。

三、工业生产持续回升效益显著

2021年11月，全国规模以上工业增加值同比增长3.8%，两年平均增长 5.4%。其中，分三大门类看，采矿业增加值同比增长 6.2%，制造业增长 2.9%，电力、热力、燃气及水生产和供应业增长 11.1%。高技术制造业增加值同比增长 15.1%，两年平均增长 12.9%。分产品看，新能源汽车、工业机器人、集成电路等高技术产品产量同比分别增长 112.0%、27.9%、11.9%。1~11 月，全国规模以上工业增加值同比增长 10.1%，两年平均增长 6.1%。1~10 月，全国规模以上工业企业实现利润总额同比增长 42.2%，两年平均增长 19.7%；规模以上工业企业营业收入利润率为 7.01%，同比提高 1.04 个百分点。

四、经济结构调整继续得到优化

随着制造强国战略深入实施，先进制造业和现代服务业融合发展得到加强，我国全产业链优势与国内外需求有效衔接，制造业生产投资稳定增长。2021 年前 11 个月，制造业投资同比增长 13.7%，其中高技术制造业和高技术服务业投资同比分别增长 22.2%、6.4%；社会领域投资同比增长 10.3%，两年平均增长 10.8%；其中卫生投资、教育投资同比分别增长 26.6%、9.5%。随着创新驱动发展战略有效实施，创新环境不断优化，大众创业、万众创新纵深推进，创新链产业链深度融合，智能、低碳、高附加值的新产品快速发展，新一代信息技术加速向网络购物、移动支付、线上线下融合等新型消费领域渗透融合，以新产业新业态新模式为代表的新动能成长壮大、持续活跃。

五、对外贸易和利用外资较快增长

稳外贸稳外资取得明显成效。对外贸易量增质升，结构继续优化。2021年前10个月，我国进出口总额31.7万亿元，同比增长22.2%，创历史同期新高；机电产品出口比重保持在60%左右。利用外资快速增长，质量不断提升。1~10月，我国实际使用外资9431.5亿元，同比增长17.8%，其中服务业实际使用外资增长20.3%，高技术产业实际使用外资增长23.7%。11月，货物进出口总额同比增长20.5%，进出口相抵，贸易顺差4607亿元。共建"一带一路"走深走实，1~10月，我国对"一带一路"沿线国家进出口额同比增长23.0%；中欧班列开行12605列，超过上年全年总量，货物运送量增长33%。

六、城镇新增就业持续扩大

我们深入实施就业优先政策，继续延续新冠肺炎疫情暴发以来的减负稳岗扩就业政策延续，精准有效推进就业帮扶，积极推动以创业带就业，就业规模持续扩大。据国家统计局数据：2021年前11个月，全国城镇新增就业1207万人，超额完成全年预期目标。11月，全国城镇调查失业率为5.0%，比上年同期下降0.2个百分点，低于5.5%左右的预期目标。其中，本地户籍人口调查失业率为5.1%，外来户籍人口调查失业率为4.8%；25~59岁人口调查失业率为4.3%，31个大城市城镇调查失业率为5.1%，重点群体就业状况得到改善。全国企业就业人员周平均工作时间为47.8小时。

七、居民消费价格处于合理区间

尽管受到大宗商品价格持续上涨的影响，政府千方百计加大市场保供稳价力度，不断强化"米袋子"省长负责制和"菜篮子"市长负责制，居民基本生活品供给增加，主要肉类产能持续恢复，蛋奶和水果等市场供应充足，基本实现了商品和服务市场供需总体平衡，居民消费价格（CPI）保持温和上涨态势。2021 年 11 月，全国居民消费价格同比上涨 2.3%；1~11 月，全国居民消费价格比上年同期上涨 0.9%。11 月，全国工业生产者出厂价格（PPI）同比上涨 12.9%，涨幅比上月回落 0.6 个百分点；工业生产者购进价格同比上涨 17.4%，涨幅比上月扩大 0.3 个百分点。1~11 月，全国工业生产者出厂价格、工业生产者购进价格同比分别上涨 7.9%、10.7%。

八、居民收入增长与经济增长基本同步

经济延续恢复态势，就业形势总体稳定，民生支出保障有力，社会保障和公共服务水平稳步提升，共同促进了居民收入恢复性增长。前三季度，全国居民人均可支配收入同比实际增长 9.7%，两年平均增长 5.1%，与经济增长基本同步。工资性收入稳定增长对居民增收发挥了关键作用，前三季度全国居民人均工资性收入同比名义增长 10.6%。各地有力保障民生投入，按时足额发放养老金和退休金，加大社会救济和临时救助力度，居民转移性收入快速增加，前三季度全国居民人均转移净收入两年平均名义增长 8.4%，超过 2019 年同期增速。城乡居民收入差距进一步缩小，前三季度城乡居民人均可支配收入之比为 2.62，同比缩小 0.05。

九、环境保护和生态文明建设明显加强

经济发展与生态文明建设协同共进，碳达峰碳中和工作统筹推进，绿色低碳转型步伐稳健，生态环境保护取得新成效。煤电、钢铁等重点领域节能降碳得到强化，能耗强度继续下降。能源消费结构调整优化，前三季度清洁能源消费量占能源消费总量的比重同比提高 0.6 个百分点。碳交易市场日趋活跃，截至 2021 年 11 月 29 日，全国碳市场碳排放配额（CEA）累计成交量突破 4000 万吨，成交额超过 17 亿元。污染防治成果不断巩固，1~10 月全国 339 个地级及以上城市 PM2.5 平均浓度同比下降 6.7%。

十、对世界经济恢复增长作出重要贡献

根据国际货币基金组织最新预测，2021 年我国经济总量占世界经济比重将达到 18% 左右，连年稳步提高。出口贡献方面，我国充分发挥制造业大国优势，向世界各国源源不断供给防疫物资、生活物资，目前已向国际社会提供新冠疫苗超过 18 亿剂，有力支持相关国家抗疫、助力全球产业链供应链稳定。进口贡献方面，2021 上半年我国货物进口额占全球的比重为 12%，创历史同期新高，对全球进口增长的贡献率达到 14.8%，为全球经济发展增添了重要助力，为世界经济企稳复苏作出了重要贡献。

从这十大经济亮点和各项宏观经济指标可以看出，这过去的一年，在外部环境更趋严峻复杂和不确定、国内改革发展和防风险任务更加繁重的形势下，以习近平同志为核心的党中央处变不惊、指挥若定，团结带领全国人民奋力拼搏，沉着应对百年未有之大变局和疫情冲击，主动育先机，积极开新局，我国经济恢复取得新成效，改革开放创新取得新进展，推动高

质量发展取得新收获，构建新发展格局迈出新步伐，实现了"十四五"良好开局，中国经济增长表现在全球是"一枝独秀"，交出了一份让全世界瞩目的优秀答卷。

知识点二
我国经济稳中向好、长期向好的基本趋势不会改变

在看到过去一年我国经济发展取得显著成效的同时，也要充分认识到面对的各种矛盾与困难。2020 年末召开的中央经济工作者会议明确指出，"在充分肯定成绩的同时，必须看到我国经济发展面临需求收缩、供给冲击、预期转弱三重压力。世纪疫情冲击下，百年变局加速演进，外部环境更趋复杂严峻和不确定。"这一认识是十分清醒的。

一、当前我国经济发展遇到的困难

从国内来看。2021 年年初以来，我国经济经历了疫情后的快速反弹和高点回落，三季度实际 GDP 增速跌破 5.0% 至 4.9%，拉动 GDP 增长的投资、消费、进出口"三驾马车"动力都开始减弱拉动，呈现从一季度高点逐季回落的态势，经济下行压力持续加大。

所谓需求收缩，反映到经济指标上，看消费需求（图 2-1）：2021 年 11 月，我国社会消费品零售总额同比增长只有 3.9%；1~11 月，社会消费品零售总额同比增长 13.7%，比 2019 年 1 至 11 月增长 8.2%。这是创多年以来新低。新冠肺炎疫情暴发以来，消费需求虽逐步恢复但进度和力度一

直较为缓慢，2021 年在局部疫情时有反复的情况下，城乡居民消费意愿弱、工作不稳定预期强、收入增长幅度不高等均制约消费需求增长。看投资需求（图 2-2）：2021 年 1~11 月，全国固定资产投资同比增长只有 5.2%，两年平均增长 3.9%。其中，制造业投资增长 13.7%，算比较快，而电力、热力、燃气及水生产和供应业投资增长 0.2%，基础设施投资增长 0.5%，民间固定资产投资同比增长 7.7%。可以看出，2021 年在基建、地产投资持续较弱的背景下，制造业投资是固定资产投资的主要支撑。其中，地产投资在房地产政策严格调控影响下明显放缓，各地区城镇集中供地和地产融资政策全方位收紧提高了地产开发商拿地的资金成本，导致土地购置减速，整体地产投资意愿走弱。看进出口需求：虽然 2021 年受益于全球供应链恢复带来的生产型外需，以及全球疫情周期性反复背景下中国本身产业链的韧性较强，过去一年我国进出口增速保持较好态势，但未来可持续性随着逆全球化态势加剧仍然不能构成经济增长的主要动力。

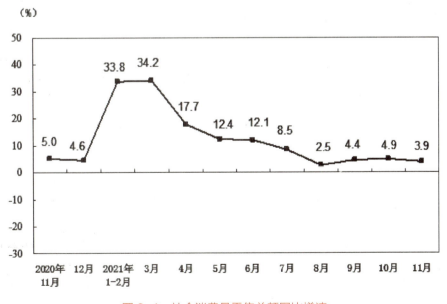

图 2-1 社会消费品零售总额同比增速

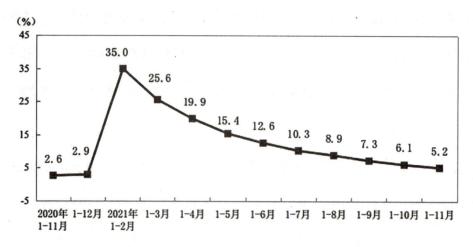

图 2-2　固定资产投资（不含农户）同比增速

所谓供给冲击，2021 年受国际大宗商品价格持续上涨，特别是全球产业链供应链中居于重要位置的能源和大宗原材料的生产和供给受到较大冲击，叠加国内受能耗双控政策影响，不少地方出现"运动式减碳"等问题影响，国民经济循环形成了不少新的断点和堵点，给正常投资增长带来压力。

所谓预期转弱，主要是受供求制约因素加重，经济下行压力越来越大，未来经济增长的动力也随着减弱，经济增速预期也开始走弱，一定意义上说，我国经济面临多年来没有过的困难。

同时还需要看到，过去一年，我们加大力度整治平台经济，规范市场竞争秩序，开展一系列反对市场垄断特别是遏制资本无序扩张以及严厉打击市场不正当竞争，严格调控房地产市场，防范和化解各类地方债、企业债风险，也制约了部分市场主体的投资冲动，客观减弱了市场上行动能。

从国际上看。一方面，从美国特朗普政府到拜登政府，为了抵御新冠肺炎疫情冲击和恢复国内经济，近年来美联储大肆印钞，直接导致国际大宗商品价格不断上涨，进而引发全球出现"大通胀"，而且通货膨胀态势在未来一个时期会愈加明显。对我国来说，美国近年来联手欧盟国家对我国实施全面的"围剿"，对我国科技发展实行严格的封锁，对我国企业进行轮番的打压，对我国外贸、市场、关税、产品等不择手段的堵击，中美政治经济博弈日渐加剧。

另一方面，新冠肺炎疫情更是威胁当前世界经济发展的最大一个不稳定性和不确定性。已经传染蔓延两年的新冠肺炎疫情，全球确诊病例累计逾2.7亿例，累计死亡人数逾535万人，单日新增确诊病例仍在增加，每天因新冠肺炎而死亡的事情仍在发生。新出现的奥密克戎变异毒株的传播速度快于德尔塔毒株，新冠疫苗接种者或是康复者有可能再次感染该病毒。正在蔓延的奥密克戎病毒，让全球经济再次面临"大停罢"。世界卫生组织也表示，2022年仍会是新冠肺炎疫情肆虐危害的一年。新冠肺炎疫情已经成为全球经济复苏的最大变数，不仅对全球经济发展带来进一步冲击，对我国明年经济发展也必然产生深刻影响。

所以，无论是从国内经济运行态势看，还是从国际风险因素变幻看，未来一个时期我国经济发展都面临严峻考验。

二、我国经济韧性强，长期向好的基本面不会改变

越是面对风险挑战，越要用辩证、长远的眼光研判未来发展。2021年的中央经济会议指出，"我们既要正视困难，又要坚定信心。我国经济韧性强，长期向好的基本面不会改变。无论国际风云如何变幻，我们都要坚定不移做好自己的事情，不断做强经济基础，增强科技创新能力，坚持多边主义，主动对标高标准国际经贸规则，以高水平开放促进深层次改革、推动高质量发展。"

1. 我国经济社会发展已经形成强大物质技术基础

新中国成立 70 多年来，中国从一穷二白上升至世界第二大经济体，实现了历史性跨越。1952 年我国国内生产总值仅为 679 亿元，1978 年则增加到 3679 亿元。改革开放后，中国经济进入发展快车道，1986 年经济总量突破 1 万亿元，2000 年突破 10 万亿元大关，2010 年达到 412119 亿元，超过日本并连年稳居世界第二。党的十八大以来，中国特色社会主义进入新时代，我国经济发展也进入了新时代。近两年，尽管受到新冠肺炎疫情冲击，党中央统筹疫情防控和经济社会发展工作，我国经济总量已经超过 100 万亿元大关，人均 GDP 超过 1.1 万亿美元，我们如期实现全面建成小康社会。中国已是世界第二大经济体、制造业第一大国、货物贸易第一大国、商品消费第二大国、外资流入第二大国，以及外汇储备第一大国，成为世界经济增长的重要稳定力量。中国经济的强大物质基础，足以抵御任何大风大浪的冲击。

2. 我国具有超大规模的市场优势和内需潜力

经过多年发展，我国具有完整的工业体系和国民经济体系，拥有系统性的、配套完整的生产链和供应链，产业部门齐全，基础设施良好，这是其他国家短期内所难比拟的。中国拥有 14 亿多的人口，4 亿多中等收入群体，人民生活水平提高带来了巨大的市场消费潜力。中国还拥有庞大的人力资本和人才资源，以及不断增强的科技创新能力，正加速壮大我国经济发展的创新力和竞争力。中国正处在现代化进程中，新型工业化、信息化、城镇化等蕴含着巨大的发展潜能，后发优势依然明显。尤其重要的是，中国人民勤劳智慧，勇于创新、敢于拼搏，具有伟大的改革开放精神和取之不竭的创新精神。

3. 我国具有中国共产党的坚强领导和中国特色社会主义制度强有力的政治优势

在统筹国内国际两个大局、统筹疫情防控和经济社会发展的实践中，以习近平同志为核心的党中央深化了对在严峻挑战下做好经济工作的规律性认识：党中央权威是危难时刻全党全国各族人民迎难而上的根本依靠，在重大历史关头，重大考验面前，党中央的判断力、决策力、行动力具有决定性作用；人民至上是作出正确抉择的根本前提，心里始终装着人民，始终把人民利益放在最高位置，就一定能够作出正确决策，确定最优路径，并依靠人民战胜一切艰难险阻；制度优势是形成共克时艰磅礴力量的根本保障，坚定中国特色社会主义的理论自信、制度自信、道路自信、文化自信，坚持集中力量办大事的制度优势，就能够使全党全国各族人民紧密团结起来，发挥出攻坚克难、推动事业发展的强大能量；科学决策和创造性应对是化危为机的根本方法，只要准确识变、科学应变、主动求变，就能够在抗击大风险中创造出大机遇；科技自立自强是促进发展大局的根本支撑，只要秉持科学精神、把握科学规律、大力推动自主创新，就一定能够把国家发展建立在更加安全、更为可靠的基础之上。

三、当前我国经济发展中需要正确认识和把握的重大理论和现实问题

2021 年我国进入新发展阶段，贯彻新发展理念、构建新发展格局，按

照"十四五"规划，推动高质量发展。当前我国发展内外环境发生深刻变化，经济运行中出现一系列新的矛盾和问题，也面临许多新的重大理论和实践问题，要深入研究、认真把握，准确应对前进道路上的各种风险和挑战。中央经济工作会议提出"五个正确认识和把握"具有极强的问题意识、战略导向和现实意义。

1. 要正确认识和把握实现共同富裕的战略目标和实践途径

在我国社会主义制度下，既要不断解放和发展社会生产力，不断创造和积累社会财富，又要防止两极分化。实现共同富裕目标，首先要通过全国人民共同奋斗把"蛋糕"做大做好，然后通过合理的制度安排把"蛋糕"切好分好。这是一个长期的历史过程，要稳步朝着这个目标迈进。要在推动高质量发展中强化就业优先导向，提高经济增长的就业带动力。要发挥分配的功能和作用，坚持按劳分配为主体，完善按要素分配政策，加大税收、社保、转移支付等的调节力度。支持有意愿有能力的企业和社会群体积极参与公益慈善事业。要坚持尽力而为、量力而行，完善公共服务政策制度体系，在教育、医疗、养老、住房等人民群众最关心的领域精准提供基本公共服务。

2. 要正确认识和把握资本的特性和行为规律

社会主义市场经济是一个伟大创造，社会主义市场经济中必然会有各种形态的资本，要发挥资本作为生产要素的积极作用，同时有效控制其消极作用。要为资本设置"红绿灯"，依法加强对资本的有效监管，防止资本野蛮生长。要支持和引导资本规范健康发展，坚持和完善社会主义基本经济制度，毫不动摇巩固和发展公有制经济，毫不动摇鼓励、支持、引导非公有制经济发展。

3. 要正确认识和把握初级产品供给保障

要坚持节约优先，实施全面节约战略。在生产领域，推进资源全面节约、集约、循环利用。在消费领域，增强全民节约意识，倡导简约适度、绿色低碳的生活方式。要增强国内资源生产保障能力，加快油气等资源先进开采技术开发应用，加快构建废弃物循环利用体系。要把提高农业综合生产能力放在更加突出的位置，持续推进高标准农田建设，深入实施种业振兴行动，提高农机装备水平，保障种粮农民合理收益，中国人的饭碗任何时候都要牢牢端在自己手中。

4. 要正确认识和把握防范化解重大风险

要继续按照稳定大局、统筹协调、分类施策、精准拆弹的方针，抓好风险处置工作，加强金融法治建设，压实地方、金融监管、行业主管等各方责任，压实企业自救主体责任。要强化能力建设，加强金融监管干部队伍建设。化解风险要有充足资源，研究制定化解风险的政策，要广泛配合，完善金融风险处置机制。

5. 要正确认识和把握碳达峰碳中和

实现碳达峰碳中和是推动高质量发展的内在要求，要坚定不移推进，但不可能毕其功于一役。要坚持全国统筹、节约优先、双轮驱动、内外畅通、防范风险的原则。传统能源逐步退出要建立在新能源安全可靠的替代基础上。要立足以煤为主的基本国情，抓好煤炭清洁高效利用，增加新能源消纳能力，推动煤炭和新能源优化组合。要狠抓绿色低碳技术攻关。要科学考核，新增可再生能源和原料用能不纳入能源消费总量控制，创造条件尽早实现能耗"双控"向碳排放总量和强度"双控"转变，加快形成减污降碳的激励约束机制，防止简单层层分解。要确保能源供应，大企业特别是国有企业要带头保供稳价。要深入推动能源革命，加快建设能源强国。

始终坚持问题导向、目标导向、结果导向，我们就能克服前进道路上的困难，中国经济在高质量发展的路上就能行稳致远。

知识点三
稳定当头，稳中有进，加快构建新发展格局

2022 年我们党将召开党的二十大，这是党和国家政治生活中的一件大事。2021 年的中央经济工作会议指出，做好明年经济工作，要以习近平新时代中国特色社会主义思想为指导，全面贯彻落实党的十九大和十九届二中、三中、四中、五中、六中全会精神，弘扬伟大建党精神，坚持稳中求进工作总基调，完整、准确、全面贯彻新发展理念，加快构建新发展格局，全面深化改革开放，坚持创新驱动发展，推动高质量发展，坚持以供给侧结构性改革为主线，统筹疫情防控和经济社会发展，统筹发展和安全，继续做好"六稳""六保"工作，持续改善民生，着力稳定宏观经济大盘，保持经济运行在合理区间，保持社会大局稳定，迎接党的二十大胜利召开。

一、新一年我国经济工作要强调稳字当头、稳中求进

"稳字当头、稳中求进""宏观政策要稳健有效""继续做好'六稳''六保'工作""着力稳定宏观经济大盘""保持社会大局稳定",中央经济工作会议在分析研究明年经济工作时用了这一系列重要表述,突出强调了一个"稳"字,这为做好2022年经济工作定下了总的基调。

抓住一个"稳"字,稳字当头、稳中求进,对做好新的一年经济工作尤为关键。

1. 着力稳字当头体现了党中央对当前经济形势的科学认识

2021年是党和国家历史上具有里程碑意义的一年,也是"十四五"规划实施的第一年,在全球新冠肺炎疫情走势和经济走势趋于复杂的背景下,党中央积极统筹疫情防控和经济社会发展,实现稳健开局。前三季度,中国经济同比增长9.8%,高于全球平均增速和主要经济体增速,全年实现6%以上的经济增长预期目标大局已定,而综合经济增长、就业、物价、国际收支四大宏观经济指标看,当前中国经济基本盘"稳"的特征也十分鲜明,但经济下行压力在不断加大。面对复杂严峻的国内外形势,要锚定既定目标,坚持不懈推进高质量发展,我们就必须保持战略定力,巩固拓展稳的成果,继续保持一个稳的发展态势、稳的发展环境。2022年要确保办成一届简约、安全、精彩的奥运盛会,迎接党的二十大胜利召开,这也需要保持社会大局稳定。

2. 强调稳中求进指明了做好全年经济工作的目标和方向

稳是前提和基础，进是目标和方向。稳中求进工作总基调是治国理政的重要原则，体现了进入新时代党对世情、国情、党情及治国理政规律的深刻洞察和科学把握，也是做好经济工作必须坚持的正确工作策略和方法。中央经济工作会议强调宏观政策、微观政策、结构政策、科技政策、改革开放政策、区域政策、社会政策七个方面的政策组合，可谓"七管齐下"，目的也是为了更好地"进"。比如，宏观政策强调更加注重稳健有效，就是要稳定宏观经济大盘，保持经济运行在合理区间，实施好扩大内需战略；微观政策就是要进一步激发市场主体活力，强化企业创新主体地位，驱动在关键核心技术上攻坚克难，切实提升产业链竞争力、增强供应链创新力。再比如，改革开放政策重点在于切实破解要素市场化配置的体制机制障碍，着力畅通国民经济循环，培育壮大新的增长点，以加快构建新发展格局不断增强发展后劲和动力；社会政策则强调兜住民生底线，在就业、住房、医疗、生育、社会保障等民生改善诸方面不断增强人民群众获得感幸福感安全感。打好这一系列政策组合拳，既能稳住 2022 年的经济基本盘、充分发挥我国超大规模市场优势，又能为实现高质量发展、促进共同富裕打开新的空间、持续增强经济韧性。

3. 实现稳字当头、稳中求进关键是要完整准确全面贯彻新发展理念

坚持创新、协调、绿色、开放、共享的新发展理念是关系我国发展全局的一场深刻变革，必须从根本宗旨、问题导向、忧患意识上完整准确全面把握，在行动上不折不扣地贯彻。经济工作从来都不是抽象的、孤立的，

而是具体的、联系的，我们要悟透以人民为中心的发展思想，坚持正确政绩观，善于用政治眼光观察和分析变化中的经济社会问题。2021 年以来，我国在破解科技"卡脖子"问题、防止资本无序扩张和野蛮生长、规范房地产市场秩序、防范化解地方和企业债务风险、推进碳达峰碳中和工作、促进全体人民共同富裕等方面卓有成效，但也有一些地方一些部门一些干部在执行政策过程中出现了认识上的误区和行为上的偏差，对党中央的大政方针和战略部署抓不住要害、踩不到点上、落不到实处，出现这些问题归根结底还是在于没能完整准确全面贯彻新发展理念。

二、领导经济工作要强调敬畏历史、敬畏文化、敬畏生态

2021 年中央经济工作会议提出，"领导干部要提高领导经济工作的专业能力"，要"加强经济学知识、科技知识学习"。同时，又强调了领导干部要"敬畏历史、敬畏文化、敬畏生态"，做到慎重决策、慎重用权。

做好经济工作，领导干部当然要懂经济，有必要的专业知识和专业能力，这是基本要求。每年中央经济工作会议在这方面强调得很多，比如，要不断加强学习能力、提高知识本领，改进工作作风等。2021 年中央经济工作会议要求领导干部能够更多地从历史、从文化、从生态的角度去思考经济问题、做好经济工作，要学习历史知识、厚植文化底蕴、强化生态观念，这无疑是以更宽的视野、更高的境界，对领导干部做好经济工作的综合能力、素质修养、行为作风提出了新的要求。中央经济工作会议为此提出"三个敬畏"，其内涵是丰富的、极有针对性的，其意味也是深长的。

所谓敬畏，是指人们对待一种事物、一种观念、一种状态等发自内心的

心理或情感态度，因为这样的事物、观念等具有超越时空、难以撼动的力量，足以让我们崇拜、敬重，也足以让我们畏惧、难以或不能逾越，进而直接影响人们的行为选择。历史、文化、生态作为对象物就是这样的客观存在，就有这样的强大力量。做经济工作，考虑较多的是投入产出，计较的是利益得失，能很快看得见摸得着，教科书中说的"经济人"就指这样的属性。但领导干部是领导经济工作，不是一般的"经济人"，面对资源要素稀缺，虽然也要算账而且要精打细算，但也必须算大账、算整体账、算长远账，这就需要领导者有历史眼光，有文化站位，有生态格局。对历史、对文化、对生态，心能存有敬畏，就能自觉把握好哪些能做应该做，哪些不能做绝对不可做，行自然会有所止。因此，作经济决策就要倍感千钧重，不能拍脑袋；推进经济工作就须权衡细掂量，不要瞎指挥。

敬畏历史，就是因为厚重的历史过程饱含着古今中外的经验教训，我们不能违背历史已经证明了的事物发展的内在规律性。历史潮流浩浩荡荡，顺之则昌逆之则亡，说的就是这个道理。2021年中央经济工作会议提出，要正确认识和把握资本的特性和行为规律。资本是市场经济中最活跃的要素，但天然具有扩张性。我国现在发展社会主义市场经济，必然会有各种形态的资本。我们就要发挥资本作为生产要素的积极作用，同时又要有效控制其消极作用。为资本设置"红绿灯"，就是尊重了资本运行的历史规律，对此不能有模糊认识。

敬畏文化，就是因为绵延千年积淀下来的优秀传统文化已经成为民族的基因，根植于人的内心，潜移默化地影响人们的思想方式和行为方式，我们应当自觉尊重百姓日用而不觉的文化价值观。在经济工作中，我们就要崇尚唯实笃行，注重协调平衡，讲求开源节流，时时防患于未然等。比如，促进共同富裕是一个长期的历史过程，要久久为功、稳步朝着这个目标迈进，但不要期待"一口吃个胖子"；实现碳达峰碳中和是推动高质量发展的内在要求，要坚定不移推进，但不可能毕其功于一役。这样在工作中就可以防止简单化、片面化、单打一甚至乱作为。

敬畏生态，就是要尊重自然、顺应自然、保护自然。恩格斯早有名言，"我们不要过分陶醉于我们人类对自然界的胜利。对于每一次这样的胜利，自然界都对我们进行报复。"人类对大自然的伤害最终会伤及人类自身，这是无法抗拒的自然规律。"万物各得其和以生，各得其养以成。"因此，在经济发展和环境治理上，必须牢固树立人与自然生命共同体的理念。

当然，敬畏历史、敬畏文化、敬畏生态这"三个敬畏"内涵是相互贯通的，逻辑是相互一致的，既反映一种态度，也体现为一种行为准则。做好经济工作的出发点和落脚点还是要悟透以人民为中心的发展思想，各级领导干部做决策、定政策、行主张、推措施，一切都要从最广大人民群众的根本利益出发，坚持正确政绩观，切实将各项决策建立在系统思维、科学谋划、调查研究基础上，切实把人民赋予的权力用来造福于人民。

习近平总书记在2018年首届中国国际进口博览会开幕式上发表主旨演讲时指出，"中国经济是一片大海，而不是一个小池塘。大海有风平浪静之时，也有风狂雨骤之时。没有风狂雨骤，那就不是大海了。狂风骤雨可以掀翻小池塘，但不能掀翻大海。"经历了无数次狂风骤雨，大海依旧在那儿；经历了5000多年的艰难困苦，中国依旧在这儿；面向未来，中国将永远在这儿！

如今的中国，经济潜力足、韧性大、活力强、回旋空间大，我国发展站在新的历史起点上，实现中华民族伟大复兴进入了不可逆转的历史进程。全党全国各族人民紧密团结在以习近平同志为核心的党中央周围，增强"四个意识"，坚定"四个自信"，做到"两个维护"，锚定全面实现第二个百年目标的奋斗目标，坚定我国构建新发展格局、实现高质量发展的信心，我们就能越激流、涉险滩，驶过高质量发展的关口，去开创实现全体人民更加美好生活的光明未来。

参考文献

[1]《中央经济工作会议在北京举行新闻稿》，《人民日报》2021年12月11日。

[2]《〈中共中央关于党的百年奋斗重大成就和历史经验的决议〉辅导读本》，人民出版社2021年版。

[3]刘鹤：《必须实现高质量发展》，《人民日报》2021年11月24日。

[4]《2021年11月份国民经济继续恢复实体经济稳中有升》，国家统计局官网，2021年12月15日。

[5]胡敏：《抓住一个稳字做好明年经济工作》，《学习时报》2021年12月13日。

思考题

1. 如何全面客观辩证看待当前的中国经济？

2. 为什么要加快构建国内大循环为主体的新发展格局？

专题三

激情冰雪　体现中国力量

——顺利推进北京冬奥会、冬残奥会深刻彰显我国制度优势

知识要点

北京冬奥会、冬残奥会是我国"十四五"初期举办的重大标志性活动，是党和国家的一件大事。努力为世界奉献一届精彩、非凡、卓越的奥运盛会，是我们对国际社会的庄严承诺。我国举办冬奥会、冬残奥会，既可以推动我国冰雪运动跨越式发展，逐步解决竞技体育强、群众体育弱和"夏强冬弱""冰强雪弱"的问题，还可以更好地展现国家形象，是促进国家发展、振奋民族精神的重要契机。尽管在筹办期间受到新冠肺炎疫情影响，但北京冬奥会、冬残奥会各项筹办工作进展仍很顺利。我国筹办冬奥会、冬残奥会，突出了"简约、安全、精彩"的办赛要求，所有场馆建设提前1年完成，我国很多冰雪项目在2年多时间里从无到有，有的项目达到了世界先进水平。国际奥委会北京冬奥会协调委员会对此给予充分肯定。

知识点一
举办冬奥会、冬残奥会对于我国的重大意义

一、举办北京 2022 年冬奥会和冬残奥会的背景

冬季奥林匹克运动会，简称为冬季奥运会、冬奥会，由国际奥林匹克委员会主办，主要由全世界地区举行，参与国主要分布在世界各地，包括欧洲、

非洲、美洲、亚洲、大洋洲，是世界规模最大的冬季综合性运动会，自1924年开始第1届，每4年举办一届，截至2018年共举办了23届。1986年，国际奥委会全会决定把冬季奥运会和夏季奥运会从1994年起分开，每2年间隔举行，1992年冬季奥运会是最后一届与夏季奥运会同年举行的冬奥会。中国于1980年首次参加了第13届冬奥会。

残疾人奥林匹克运动会，始办于1960年，是由国际奥委会和国际残疾人奥林匹克委员会主办的、专为残疾人举行的世界大型综合性运动会，每4年于夏季奥运会后举办一届，截至2014年已举办过14届。冬季残奥会自1976年举行以来，截至2014已经举办了11届，参赛运动员总人数接近4000人。比赛项目有高山滑雪、越野滑雪、冰上雪橇球、轮椅体育舞蹈等4个大项，每个大项中又包括若干小项。中国于2002年首次参加了第8届冬季残奥会。

2014年3月14日，国际奥委会官网正式公布了2022年冬奥会的5个申办城市：中国的北京、张家口，波兰的克拉科夫，挪威的奥斯陆，哈萨克斯坦的阿拉木图和乌克兰的利沃夫。2014年7月7日，国际奥委会在瑞士洛桑宣布完成对2022年冬奥会申办城市的初选，中国的北京和张家口为候选城市。2014年8月1日，北京申办冬奥标识亮相，标识以中国书法"冬"字为主体，将抽象的滑道、冰雪运动形态与书法巧妙结合，人书一体，天人合一；冬字下方两点顺势融为"2022"；标识既展现了冬季运动的活力与激情，更传递出中国文化的独特魅力。2015年7月31日，北京赢得2022年第24届冬季奥林匹克运动会的举办权。2022年北京冬季奥运会将在2022年2月4日至2月20日在北京市和张家口市联合举行。北京—张家口冬季奥运会共设 7 个大项，102 个小项。北京将承办所有冰上项目，延庆和张家口将承办所有的雪上项目。这是我国历史上第一次举办冬季奥运会，北京、张家口同为主办城市，也是中国继北京奥运会、南京青奥会后，第三次举办的世界级奥运赛事。我国也成为第一个实现奥运"全满贯"（先后举办奥运会、残奥会、青奥会、冬奥会、冬残奥会）国家。

自从 2015 年北京携手张家口获得 2022 年冬奥会和冬残奥会举办权以来，冰雪运动在中国"南展西进东扩"的步伐明显加快，各地冰雪产业蓬勃发展，"三亿人参与冰雪运动"正逐渐成为现实，越来越多的中国人也开始因冬奥会结下"冰雪奇缘"，推动了我国冰雪运动跨越式发展，补缺项、强弱项，逐步解决竞技体育强、群众体育弱和"夏强冬弱""冰强雪弱"的问题。

2021 年 9 月 17 日，在北京首都博物馆内，北京 2022 年冬奥会和冬残奥会主题口号正式对外发布——"一起向未来"（Together for a Shared Future），是中国向世界发出的诚挚邀约，传递出 14 亿多中国人民的美好期待：在奥林匹克精神的感召下，与世界人民携手共进、守望相助、共创美好未来。在全球应对新冠肺炎疫情的大背景下，北京冬奥会主题口号发出的声音是汇聚、是共享、是未来。"一起"展现了人类在面对困境时的坚强姿态，指明了战胜困难、开创未来的成功之道。"向未来"表达了人类对美好明天的憧憬，传递了信心和希望；"一起向未来"是态度、是倡议、更是行动方案，倡导追求团结、和平、进步、包容的共同目标，是更快、更高、更强、更团结奥林匹克精神的中国宣扬，表达了世界需要携手走向美好未来的共同愿望。

2021 年 12 月 3 日上午，国务院新闻办公室召开发布会，介绍北京冬奥会和冬残奥会最新筹办进展。北京 2022 年冬奥会计划于 2 月 4 日开幕，2 月 20 日闭幕；冬残奥会计划于 3 月 4 日开幕，3 月 13 日闭幕。当前，北京 2022 年冬奥会和冬残奥会各项准备工作已就绪。在场馆和基础设施方面，12 个竞赛场馆全部完工，通过国际冬季单项体育组织认证，全面具备办赛条件。在赛会服务保障方面，餐饮、住宿、医疗、交通等赛会服务，坚持"三个赛区，一个标准"。在疫情防控方面，把疫情防控放在首要位置：国际方面，与国际奥委会、世界卫生组织等各利益相关方成立了疫情防控专项工作组；国内方面，与国家卫健委、北京市、河北省共同组建了北京冬奥会医疗卫生协调小组和疫情防控专班，成立了专家组，共同制订冬奥会疫情防控总体指导意见、防控工作总体方案和"一场一策""一馆一策"的防疫措施。至 2021 年 12 月 15 日，"相约北京"冬奥会系列测试赛已全部结束，运动员通关工作也已全部完成。自 2021 年 9 月 22 日首批参加冬奥会测试赛人员入境至 2021 年 12 月 9 日，北京海关共验放冬奥会进出境航班 135 架次，旅客 4585 人次，所有参加测试赛的境外运动员已全部出境。

二、北京 2022 年冬奥会吉祥物和冬残奥会吉祥物

北京 2022 年冬奥会吉祥物是"冰墩墩"，冬残奥会吉祥物是"雪容融"。北京冬奥会和冬残奥会吉祥物表达的是新时代中国的形象、发展成果和中华文化独特的魅力，还要表达中国广大民众，特别是广大青少年对冰雪运动的热爱和对北京 2022 年冬奥会冬残奥会的热切期盼，同时还要表达中国

推动世界文明交流互鉴，构建人类命运共同体的美好愿望。

吉祥物是一届奥运会视觉形象系统的重要元素，用一种可以触及的方式来展现主办国历史、文化与自然元素。北京冬奥会和冬残奥会吉祥物于2018年8月8日面向全球征集，共收到设计方案5816件。经过评选，最终选出了以熊猫为原型进行设计创作的"冰墩墩"作为2022年冬奥会吉祥物，以灯笼为原型进行设计创作的"雪容融"作为2022年冬残奥会吉祥物。

在北京2022年冬奥会吉祥物"冰墩墩"含义中，熊猫外形寓意着人与自然和谐共生的理念，流动的明亮色彩线条象征着冰雪运动的赛道和5G高科技，体现了追求卓越、引领时代，以及面向未来的无限可能。左手掌心的心形图案，代表着主办国对全世界朋友的热情欢迎。整体象征着冬奥会运动员强壮的身体、坚韧的意志和鼓舞人心的奥林匹克精神。在北京2022年冬残奥会吉祥物"雪容融"含义中，灯笼寓意着点亮梦想，温暖世界，代表着友爱、勇气和坚强，体现了冬残奥运动员的拼搏精神和激励世界的冬残奥会理念。

三、充分认识举办北京冬奥会、冬残奥会的重大意义

（一）举办北京冬奥会、冬残奥会是我国重要历史节点的重大标志性活动

北京冬奥会、冬残奥会是中国"十四五"初期举办的重大标志性活动。举办北京冬奥会、冬残奥会来之不易、意义重大，同实现"两个一百年"奋斗目标高度契合，给新时代我国发展注入了新的动力。冬奥申办、筹

办的过程，也是见证中国发展历史性变革、取得历史性成就的过程。距离2022北京冬奥，时间的脚步越来越近。站在重要历史节点的中国，将迎来又一个重大标志性活动。北京将成为国际上唯一举办过夏季和冬季奥运会的"双奥城"。我们要言必信、行必果，扎实工作，步步为营，要拿竞技奖牌，也要拿精神奖牌、廉洁奖牌，兑现向世界作出的庄严承诺。举办冬奥会是推进京津冀协同发展的重要抓手，必须一体谋划、一体实施。

（二）举办北京冬奥会、冬残奥会是党和国家的一件大事

北京冬奥会、冬残奥会，是我国举办的重大国际赛事活动，是国之大事，是展示中国共产党百年奋斗取得的重大成就的重要平台。习近平总书记亲自谋划、亲自推动，亲临北京和张家口崇礼赛区视察指导，作出一系列重要指示，倾注了大量心血，推动筹办工作取得重大进展和成效。国际奥委会北京冬奥会协调委员会主席小萨马兰奇表示，各项赛事筹办工作进展非常顺利。

1. 举办北京冬奥会、冬残奥会是展现国家形象的重要契机

站在重要历史节点的中国，将迎来又一个重大标志性活动。把北京冬奥会、冬残奥会办成一届精彩、非凡、卓越的奥运盛会，向祖国人民、向国际社会交上一份满意答卷。这是一份庄严的承诺。冬奥会筹办工作千头万绪，检验一个国家的综合实力。而场馆建设、基础设施建设是北京冬奥会筹办工作的重中之重。申冬奥成功以来，从推动京津冀协同发展，到冰雪运动蓬勃开展；从场馆建设体现可持续思路，到群众生活品质变化提升，各方面筹办工作系统设计、有序推进。目前，北京冬奥会所有竞赛场馆已

完工，相关基础设施建设与场馆同步完成，达到测试赛要求，为举办盛会奠定了坚实基础。

2. 举办北京冬奥会、冬残奥会是促进国家发展的重要契机

冬奥会筹办成为京津冀协同发展的重要抓手，京张高铁、京礼高速等基础设施建成通车为区域发展插上了腾飞的翅膀。2015 年，北京成功申办 2022 年冬奥会和冬残奥会，将成为首个既举办夏奥又举办冬奥的"双奥之城"。作为全球规模最大的冬季综合性运动会，冬奥会的举办体现着一个国家的综合实力。2020 年，面对新冠肺炎疫情给全球体育赛事带来的巨大挑战，北京冬奥会筹办工作不断、力度不减。随着国家跳台滑雪中心"雪如意"、国家速滑馆"冰丝带"的惊艳亮相，冬奥会所有竞赛场馆建设完工。如今，冬奥会筹办进入关键时期，中国正统筹抓好疫情防控和赛事组织，将绿色办奥、共享办奥、开放办奥、廉洁办奥的理念贯穿筹办工作全过程，以大国担当全面兑现每一项承诺。

办好北京冬奥会、冬残奥会，必将有力推动我国体育强国建设。建设体育强国是中国全面建设社会主义现代化国家的一个重要目标。体育强国的基础在于群众体育。在申办冬奥会之时，中国便提出了带动 3 亿人参与冰雪运动的愿景，通过冬奥会的举办推动冰雪运动发展和全民健身开展。近年来，随着冰雪运动"南展西扩东进"战略的推进，中国人的冰雪运动热情不断增长，更多群众走向冰场、走进雪场。冰雪项目人才体系的搭建，必将助推中国冰雪运动的腾飞，推动新时代体育事业高质量发展。

筹办冬奥会、冬残奥会带动张北地区发展形成河北发展的"一翼"，张

北地区正在成为河北发展新增长点。随着冬奥会、冬残奥会筹办工作扎实推进，冰雪运动和冰雪产业发展势头良好。张家口赛区场馆及配套项目全部建成，冰雪运动和冰雪产业发展势头良好，冰雪文化产业将成为河北文化产业的新增长点。借助2022年冬奥会契机，突出冰雪文化特色，改变传统经济发展模式，建设京张体育文化旅游带、文化贸易带。据统计，2020—2021年雪季，崇礼区接待游客235.02万人次，同比增长78%；旅游收入19.4亿元，同比增长83%。而旅游业、冰雪产业的发展也将带动当地酒店、商务等商业地产和冰雪产业相关的旅游、养老、地产等产业蓬勃发展。数据显示，自2015年以来，张家口市签约2000万美元以上的项目有220多项。据初步估算，冬奥会可为当地带来3500亿元投资，增加20万个就业机会。塑造张家口国际历史文化城市新形象，支持张家口市申报省级和国家级历史文化名城。以奥运文化为核心加强资源整合提升，加快推进明长城维修保护和展示，加强张家口全域保护与开发，规划建设奥运核心产业园区，叫响冰雪文化产业品牌，打造国际文化休闲基地、冰雪运动赛事基地、体育培训基地，把冰雪文化与鸡鸣驿邮驿文化、大境门商道文化、长城文化、坝上草原文化、蔚县民俗文化相结合，集中展示地域特色文化资源。铁路运输建设方面，连接北京和张家口的高速铁路京张高速铁路主线由北京北站至张家口站，正线全长174千米，设10个车站，设计的最高时速为350千米/小时，京张高速铁路在下花园北站引出崇礼铁路至太子城站，同时设延庆支线，2016年4月29日，京张高速铁路正式开工建设；2019年12月30日，京张高速铁路正式开通运营。公路建设方面，目前，京张高铁及崇礼支线、延庆支线，兴延高速、延崇高速、宁远机场和15条赛区场馆连接公路建设项目全面通车（通航），4 个交通枢纽场站项目基建任务均已完成。2021 年 1 月，2022 年冬奥会交通保障体系建设重点工程——连接北京市延庆区和河北省张家口市崇礼区的延崇高速公路通车，将直接服务于即将举行的国际雪联高山滑雪世界杯延庆站比赛。航空运输建设方面，2022 年北京冬奥会重点交通项目——张家口宁远机场改扩建工程正式建成并通航。

3. 举办北京冬奥会、冬残奥会是振奋民族精神的重要契机

冬奥会对推动中西文化交流融合、增强民族自信必将产生积极影响。奥林匹克运动会是全球性的体育盛会，它不仅为各国体育健儿提供了展示自我的竞技场所，而且也为促进世界和平、增进相互了解、实现文化交融、传递文明友谊搭建了最好的学习交流平台。我国通过承办冬奥会，可以进一步振奋民族精神，宣传中华灿烂文明和优秀文化，展示大国实力和精神风貌，增强民族凝聚力和自豪感。中国将体育事业融入实现"两个一百年"奋斗目标大格局中去谋划，作为在重要历史节点举行的北京冬奥会，将极大提振民族士气、彰显民族自信。

（三）举办北京冬奥会、冬残奥会是中国展示大国形象的一次外交良机

1979 年国际奥委会恢复了中国在国际奥林匹克大家庭的合法地位后，中国重返奥运会正是从冬奥会开始的。举办北京冬奥会、冬残奥会是和平时代一个国家屹立于世界强国之林的重要象征和标志。综观奥运举办历史，能够冬、夏两季奥运会兼办的国家只有法国、美国、德国、意大利、日本、

加拿大和俄罗斯，如果找寻冬、夏奥运会双办的城市，在现代奥运会118年历史中居然没有一座城市获得这一殊荣。在北京和张家口举办2022年冬奥会、冬残奥会，使北京成为历史上第一个举办过夏季和冬季两大奥运会的城市。

2021年，仅就上半年，外交部和北京冬奥组委邀请3批123个驻华使馆和11个国际组织驻华机构300余名驻华使节、外交官参访北京、张家口冬奥会场馆。第一批是在2月13日至14日。应外交部和北京冬奥组委邀请，俄罗斯、法国、德国、意大利、挪威、瑞士、荷兰、奥地利、日本、韩国、印尼、马来西亚等30余国驻华使节和高级外交官赴张家口，考察体验北京2022年冬奥会张家口赛区。使节们严格遵守各项防疫措施，乘坐京张高铁前往张家口赛区，饶有兴致地参访国家跳台滑雪中心"雪如意"、国家冬季两项中心、国家越野中心、自由式滑雪场地和冬奥村等有关设施。使节们对中方的盛情邀请表示感谢，对中方克服新冠肺炎疫情等特殊困难顺利推进冬奥会筹办工作取得的卓越成就表示赞赏，并对办会提出了很多有益的建议。

第二批是在3月18日至22日。应外交部和北京冬奥组委邀请，泰国、新加坡、阿尔及利亚、乍得、佛得角、亚美尼亚、阿塞拜疆、马耳他、澳大利亚、巴哈马等77个国家和国际组织驻华使节、国际组织驻华代表和高级外交官共计180余人次考察北京2022年冬奥会张家口、延庆和北京3个赛区的所有冬奥场馆。使节们高度评价中方克服新冠肺炎疫情影响及时高效完成场馆和设施修建工作，赞扬中方在筹办工作中体现的绿色环保、体育民生协调发展、科技创新等理念，表示北京冬奥会筹备为冬奥树立了新标杆。使节们表示，此次冬奥之行使他们加深了对中国绿色办奥、开放办奥、科学办奥的理解，深切感受到中国举办冬奥会的实力、信心及决心，预祝2022年北京冬奥会成为一届团结、成功、精彩的体育盛会。

第三批是在 4 月 8 日、9 日和 13 日。应外交部和北京冬奥组委邀请，来自南非、阿根廷、瑞士、阿尔巴尼亚、阿曼、圣普等 41 个国家和 3 个国际组织驻华使节、外交官先后考察北京 2022 年冬奥会张家口、延庆和北京赛区。在张家口赛区，使节一行考察了冬奥村、国家冬季两项滑雪中心、国家跳台滑雪中心等场馆。在延庆和北京赛区，使节一行考察了国家高山滑雪中心、国家雪车雪橇中心、五棵松体育中心和国家速滑馆、国家体育馆、国家游泳中心、首都体育馆、首钢滑雪大跳台等场馆，并饶有兴趣地现场体验了冰壶运动。使节们纷纷赞叹北京冬奥会筹办工作取得的进展，高度赞赏中国政府以冬奥带动经济社会发展并做好后奥运场馆利用努力，表示场馆建设中体现出的绿色低碳、科技创新、中华文化与奥运完美结合令人印象深刻，对中国成功举办冬奥会充满期待和信心。参访过程中，使节们纷纷表示，愿积极与中方沟通合作，为本国运动员参赛并取得好成绩创造良好条件。

"奥林匹克休战"，是国际奥委会根据古希腊奥林匹克神圣休战传统而设计的一项和平运动。1993 年，第 48 届联大首次审议并通过奥林匹克休战决议。此后历届奥运会、冬奥会主办国都向联大提交奥林匹克休战决议。2021 年 12 月 2 日，第 76 届联合国大会协商一致通过由中国和国际奥委会起草的奥林匹克休战决议，173 个会员国共提该决议。决议强调北京冬奥会和冬残奥会的愿景 —— "纯洁的冰雪，激情的约会"，旨在让奥林匹克点亮青年梦想，让冬季运动融入亿万民众，推动社会发展，创建和谐、和平和更美好世界。在新冠肺炎疫情持续肆虐，各国经济社会发展面临诸多考验，传统和非传统安全挑战层出不穷的今天，决议特别提出要认识到体育在全球应对疫情冲击能力建设方面的作用，强调北京冬奥会将是展现人类团结、韧性和国际合作宝贵价值的契机。决议获得协商一致通过，体现了联合国会员国对北京冬奥会和国际奥林匹克运动的支持，也体现了国际社会同舟共济、战胜疫情、实现和平、一起向未来的坚定决心。

2021年12月7日，国际奥委会执委会举行会议。国际奥委会北京冬奥会协调委员会主席小萨马兰奇表示，北京冬奥组委和国际奥委会始终保持密切沟通，各项赛事筹办工作正在反复演练，进展非常顺利。国际奥委会奥运会部执行主任杜比说，目前已有十余场国际测试活动在北京冬奥会和冬残奥会场馆举办，场馆运行和赛事筹办工作得到了参赛人员的广泛认可。北京冬奥组委已经对很多场景进行了演练，取得了非常不错的效果。

（四）举办北京冬奥会、冬残奥会既是直观的冬奥知识普及课，更促进全民健身

北京举办冬奥会带动中国3亿多人参与冰雪运动。举办北京冬奥会、冬残奥会，对于一般民众而言，是一次直观的冬奥知识的普及课。近年来，即使在没有冰雪的南方，也有越来越多的民众和青少年对冰雪运动产生了浓厚的兴趣，一到冬季，在北方许多冰场和雪场都能见到不少南方冰雪运动"发烧友"的身影。在南方一些地方也有开办高规格冰场和雪场的场所，使得国民体育有了更丰富的选择。北京冬奥会、冬残奥会在中国举办，带

动了 3 亿多民众参与冰雪运动，促进了全民健身运动。一直以来，冰雪运动被称为"高岭之花"，参与这项运动的仍是少数人群。我国取得 2022 年冬奥会举办权，使更多的民众认识和体会冬季户外运动的益处和乐趣，激发了 3 亿多民众参与其中，有助于冬季运动的发展，这对提高全民身体素质及弘扬奥林匹克精神都有重要意义。

习近平总书记指出，要把推动冰雪运动普及贯穿始终，大力发展群众冰雪运动，提高冰雪运动竞技水平，加快冰雪产业发展，推动冬季群众体育运动开展，增强人民体质。开展全民健身活动是构建和谐社会的需要和广大人民群众的迫切需求，是提高全民素质的重要形式，是构建亲民、便民、利民的全民健身体系的重大举措。党和国家对此高度重视，从 2009 年开始，把每年的 8 月 8 日定为全民健身日。2021 年 8 月 8 日，是我国第 13 个全民健身日。推动大众冰雪运动，也是为满足我国群众多样化体育健身需求，推动冰雪活动由冬春两季向四季拓展。到 2021 年 12 月，我国成功举办了八届全国大众冰雪季，培养冰雪运动社会体育指导员数万人。例如，为推动冰雪运动普及贯穿始终，河北省 11 个设区市全部成立了冰雪协会，试行推广国内首个大众滑雪等级标准，为群众参与冰雪运动提供科学指导。还组织制订实施了冰雪产业发展规划，从美国、法国、芬兰等国家引进一批冰雪运动及装备企业，20 家企业签约、15 家入驻，越来越多的人参与冰雪运动。特别是，联合北京市成功申办 2022 年第 24 届冬奥会，成立了冬季运动项目管理中心，组建了冬季项目运动队，制订了《河北省冰雪运动规划（2015—2022）》，冰雪运动建设全面推进。

（五）奉献出一届"精彩、非凡、卓越"的冬奥会

习近平总书记指出，中国将全面兑现在申办北京冬奥会过程中的每一项承诺，为世界奉献一届"精彩、非凡、卓越"的冬奥会。我国不仅要办好一届冬奥盛会，而且要办出特色、办出精彩、办出独一无二来。

自从 2015 年 7 月 31 日冬奥会申办成功以来，北京冬奥会就进入了全面有序高效的筹办期，"冰立方""冰丝带""雪如意"陆续建设改造完成，国家高山滑雪中心、雪车雪橇中心等场馆如期投入运行，"四个办奥"理念得到了完美体现。冬奥倒计时屏幕上时间数字的每一次跳动，都预示着我们距离冬奥会越来越近了，我们有能力、有方法、有决心兑现承诺，为世界奉献一届精彩、非凡、卓越的奥运盛会。各个竞赛场馆的运行团队已全部组建，建立健全安保、交通、餐饮等赛会服务工作机制，确定定点医疗机构 41 家、签约酒店 103 家，深入实施科技冬奥行动计划，赛会志愿者报名人数突破 100 万，各类赞助企业达到了 38 家。

国家跳台滑雪中心是我国第一个以跳台滑雪为主要用途的体育场馆，主体建筑设计灵感来自中国传统饰物"如意"。2021 年初，习近平总书记登上国家跳台滑雪中心顶层回廊，听取张家口赛区整体建设情况介绍，俯瞰张家口赛区古杨树场馆群全貌，随后前往跳台滑雪结束区看台，察看跳台滑雪运动员训练演示情况。习近平总书记指出，北京冬奥会、冬残奥会场馆改造建设融入了很多中国元素，体现了我们的文化自信。我们不仅要办好一届冬奥盛会，而且要办出特色、办出精彩、办出独一无二来。

每临大事有静气，越是艰难越向前。北京冬奥会的筹备工作，没有被新

冠肺炎疫情带乱节奏，没有降低筹备工作的标准。国际奥委会主席巴赫给予高度评价："面对这样的危机，北京冬奥组委还是如期完成了所有关键里程碑任务，为北京冬奥会的成功举办和创造新的历史奠定了坚实基础。"

知识点二
顺利推进北京冬奥会、冬残奥会筹办工作

一、以"简约、安全、精彩"为北京冬奥会、冬残奥会的办赛要求

习近平总书记指出，做好北京冬奥会、冬残奥会筹办工作使命光荣、意义重大。落实第24届冬奥会工作领导小组会议精神，按照"简约、安全、精彩"的办赛要求，遵循国际救援规则和医疗保障规律，坚持"万无一失、一失万无"的标准和"细致、精致、极致"的作风，突出重点、把握全局、狠抓细节，加强全流程全要素应急培训和演练，提升医疗保障、疫情防控水平，全面防范化解各种风险，精心做好赛事组织、赛会服务、科技应用、文化活动等各项筹办工作，为做好赛事各项工作奠定坚实的基础。

"简约、安全、精彩"是冬奥会筹办举办的一贯原则和总体要求，与"绿色办奥、共享办奥、开放办奥、廉洁办奥"的理念一脉相承，与"精彩、非凡、卓越"的办赛目标相互契合，是对冲刺决胜冬奥会筹办举办的特殊要求和明确指引。

1. 突出"简约"办赛要求

秉持"简约"办赛原则，如期实现办赛目标，就要精益求精做好各项筹办工作。冬奥筹办要把勤俭节约和廉洁办奥作为基本要求，从充分利用2008年奥运场馆到精简非必要环节、活动和人员数量，使简约务实的要求都得以体现。不搞大规模建设，不做劳民伤财之事，既要满足赛会要求，又要着眼赛后利用，真正做到简约而不简单，让北京冬奥会像冰雪一样纯洁。

2. 突出"安全"办赛要求

按照"安全"办赛要求，冬奥筹办举办必须把安全摆在第一位，既要确保冬奥工程建设安全，又要保障赛事组织运行安全。当前把筹办工作重点放在统筹抓好疫情防控和组织好赛事上来，全面防范化解各种风险，最大限度降低疫情风险。

（1）做好城市运行保障安全工作。城市运行保障是赛时保障的重中之重，制订冬奥城市运行保障总体方案，全面落实"一馆两案三团队"的架构，加强对接沟通，健全运行保障机制，提高各种突发情况应急处置能力。加强培训和实战演练，尽快熟悉赛时任务要求和工作流程及时发现问题，堵塞漏洞。

（2）做好疫情防控安全工作。一是制订涉奥必要人员赛前来华工作闭环管理实施方案。二是认真落实分区分级闭环管理。空间分区、人员分类、互不交叉，"一馆一策""一项目一方案"，做到精准有效防控。三是对境外涉冬奥人员从入境点、入境转运、居住地、赛场等全流程闭环，环内人员执行同等的管理政策，环内环外严格区分开，最大限度降低疫情风险。四是加强比赛场馆、运动员居住地、定点收治医院的疫情防控，定期开展预防性消毒和核酸检测。要完善防控导则并加强宣传解读，突出重点、简洁明了、便于执行。五是按照国际奥委会、国际残奥委会和北京冬奥组委发布的第二版《北京2022年冬奥会和冬残奥会防疫手册》要求，在疫苗接种、海关入境要求、机票预订、出发前检测、冬奥赛时、闭环管理等方面，配齐专业防疫人员，储备好防疫物资，创造一个安全的环境，有效降低疫情风险，既保证运动员和所有涉奥人员安全、便利地参加训练、比赛和工作，也能保护中国民众的健康安全，确保北京冬奥会和冬残奥会安全成功举办。

（3）做好医疗保障安全工作。冰雪项目多是高难度运动，医疗保障是办好赛事的重要环节。一是各赛区配备一流医疗设备。二是针对各个赛区不同竞赛项目的特点，配强创伤救治等相关科室的专家力量。三是按照"快速、规范、安全"要求，坚持生命至上，突出现场救援重点，优化转运流程，以最快速度保证最佳救治时机。四是通过测试赛、实战演练等形式，查验急救设备、救治药品、救护车辆、直升机救援等关键设施的准备和运行情况，完善赛场救援、定点医院收治、心理疏导等医疗保障体系。五是组建雪上项目国际联合雪道医疗救援队。选拔业务精、外语好的医护人员担负医疗保障任务，加强雪上救援技能和滑雪技能培训，提高现场应急救援水平。

（4）做好测试赛办赛安全工作。一是按期完成场馆相关设施建设收尾工作。做好物资移入、临时设施搭建、设备安装调试、景观标识安装等工作。二是坚持实体化运行、扁平化管理，确保运行指挥部工作机制高效有序运转。三是加强场馆团队建设。开展赛事组织、疫情防控、风险应对等培训演练，确保人员按期全部到位，增强整体办赛和应急处置能力。四是做好各类志愿者赛前培训、赛时组织、赛后移出期管理等工作。

3. 突出"精彩"办赛要求

达到"精彩"办赛目标，为世界奉献一届"精彩、非凡、卓越"的奥运盛会，是我们始终不变的承诺。2022 年北京冬奥会、冬残奥会不仅要办好，更要办出特色、办出精彩、办出独一无二。精彩不只在冬奥会，还要借助冬奥会推动我国冰雪运动跨越式发展，补缺项、强弱项，努力建设体育强国。首都体育馆是国内第一座人工室内冰场，经过改扩建已具备冬奥会短道速滑和花样滑冰比赛训练条件。2021 年初，习近平总书记在北京市海淀区的首都体育馆考察调研时指出，建设体育强国，是全面建设社会主义现代化国家的一个重要目标。体育强国的基础在于群众体育。习近平总书记走到训练场边，察看场馆改造情况，同国家花样滑冰队和短道速滑队运动员、教练员代表亲切交流。他说，要通过举办北京冬奥会、冬残奥会，推动我国冰雪运动跨越式发展，补缺项、强弱项，逐步解决竞技体育强、群众体育弱和"夏强冬弱""冰强雪弱"的问题，推动新时代体育事业高质量发展。提高现代竞技体育水平，既要靠气力，也要靠技力。运动员要有为国争光、勇创佳绩的志气，夏练三伏、冬练三九，加强技术创新，学习借鉴国外先进理念和技术，不断提高训练和比赛水平。

二、精益求精做好北京冬奥会、冬残奥会各项筹办工作

习近平总书记指出，做好北京冬奥会、冬残奥会筹办工作使命光荣、意

义重大。要精益求精做好各项筹办工作精心做好赛事组织、赛会服务、科技应用、文化活动等各项筹办工作。

（一）精心做好赛事组织

1. 编制赛区规划设计方案并通过冬奥领导小组审定

从申办到筹办，北京冬奥会每一个阶段的关键节点，习近平总书记都格外关注，倾注心血。北京冬奥会筹办千头万绪，要按照科学和先进的理念搞好规划。按照习近平总书记"四个办奥""五个着力"重要指示，严格按计划推进北京冬奥会、冬残奥会各项筹办工作，编制完成了赛区规划设计方案并通过第24届冬奥会工作领导小组审定。

2. 高质量推进场馆和配套设施建设

细化列入年度建设的时间表、路线图、责任制，有序高效推进，确保将冬奥项目建成优质、生态、人文、廉洁的精品工程。按期完成非竞赛场馆建设，同步推进各类配套设施和无障碍环境建设，有针对性地增加各类场馆中必要的疫情检测、隔离、应急处置设施。例如，在2019年，京张高铁开通运营，标志着冬奥会配套建设取得了新进展；京礼高速北京段建成；国家速滑馆整体亮相，首钢滑雪大跳台完工，国家高山滑雪中心竞速赛道达到测试赛要求，相约北京系列冬季体育赛事组委会组建完成，各项赛事组织和服务保障有序推进。再如，自2017年3月31日北京冬奥建设"开工令"下达以来的1700多个日日夜夜，建设者们遇到了一系列困难和挑战；冬奥建设项目时间紧、任务重、标准高，如何保证在这短暂的时间里在赛区建设国际一流的场馆配套基础设施，这是一大挑战；国家高山滑雪中心、国家雪车雪橇中心、国家速滑馆这些新建场馆都是国内空白建设项目，如何达到世界最高等级的奥运标准，这又是一大挑战。这些年来，数万名建设者以"绿色、共享、开放、廉洁"办奥理念为指引，以"一刻也不能停、一步也不能错、一天也误不起"冬奥建设精神为支撑，如期完成了场馆建设。

3. 精益求精保障冬奥

早在 2016 年，冬奥组委进驻首钢园区。首钢原来的车间，被改造成了冬奥训练场馆。2020 年，新冠肺炎疫情突如其来，首钢坚持疫情防控和复工复产"两手抓、两手硬"，扛起国企责任，彰显硬核担当。其中最突出的当属首钢园运动中心制冰师刘博强等职工。制冰，说起来简单，只要把地面的温度降下来，往上泼水就可以了，但实际上很难。因为制冰，对水温、洁净度、PH 值都有严格要求。不同的比赛项目对冰的软硬、薄厚和温度的要求也不一样，湿度大了房顶会滴水，温度高了冰面会有水。要想制成合格的冰场，不下功夫是不行的。为了摸清冰场的运行规律，刘博强这些"半路出家"的转型职工必须从最基础的工作做起，他们在场馆内外分别放了温湿度表和测温箱，每天早上五点半，天还没亮，就跑到冰场，每隔 2 小时做 1 次记录，同时记录冰面的温度，反复测算温度、湿度值。经过连续 1 个月的测试比对，终于总结出了最合适的温度、湿度值，掌握了冰场的运行规律。刘博强说，工匠精神的核心内涵就是精益求精。以冰壶为例，冰壶是一项极具观赏性的运动，但冰壶赛道制冰的难度却是最大的。和普通的冰场不一样，冰壶赛道的表面不是光滑的，而是有一层叫作"冰点"的小的凸起，目的是为了增加冰壶赛道的滑度，方便控制和刷冰。制作冰点的过程叫作"打点"，是一项技术难度极高的工作。目前，全世界的顶级制冰师也不超过 20 人，里面没有一个中国人。首钢冰壶馆邀请的，是来自加拿大的顶级制冰师 JIMMY。为了掌握这项技术，刘博强借来打点壶，晚上夜深人静的时候来到场馆外的马路上，把非机动车道和机动车道的分界线，当成冰壶赛道的中心线，摸索打点的技巧。刘博强背着 40 多斤重的打点壶，练习了将近 2 个月，总算找到了一点感觉。后来一次偶然的机会，JIMMY 临时安排他上冰"打点"，凭着之前马路上训练的经验，刘博强竟一次成功。为了能和国际一流制冰大师更好的交流，学到最先进的制冰技术，刘博强还努力学习英语。刘博强以首钢"制冰大工匠"的姿态，展示一名产业工人的风采，实现一名首钢工人的冬奥梦。

4. 做好赛时运行工作

建立高效有力的赛时运行指挥体系，提升跨区域、跨领域的指挥调度和应急保障能力，精心做好竞赛组织和场馆运行。深化运行设计，落实双进入机制，密切沟通对接，优化场馆功能，加强测试活动日常调度，精准对接场馆运行需求，"一店一策"扎实推进抵离、交通、安保、住宿、餐饮、医疗等服务保障。细致做好风险隐患排查整治，健全工作机制，抓好各类安全管控工作，强化舆情监测及时消除隐患。当好"主人翁"，以最实举措建设生态、文明、幸福的最美冬奥城。再如，京张高铁承担着联通三大赛区的重任，京张高铁太子城站位于张家口赛区核心区内，是世界上首个直通奥运赛场的高铁站，已正式运营。目前，京张高铁正开展运营服务、技术保障、安全保障等测试及时发现不足、堵塞漏洞，提高精准化、精细化管理和服务水平，为冬奥会期间安全高效运行提供服务保障。

5. 推动京津冀协同发展

努力在交通、环境、产业、公共服务等领域取得更多成果，积极谋划冬奥场馆赛后利用。例如，延庆冬奥村建设紧锣密鼓，一个掩映于山水林木之中的"最美冬奥山村"，于 2020 年 12 月展现在世人面前。国家高山滑雪中心竞速结束区，是延庆赛区的重要配套设施，承担着观众、运动员等人群停留和中转疏散功能。工程进展、赛道造雪及山地运行项目建设日新月异，并与周边自然环境融为一体。再如，张家口赛区到 2022 年全部星级酒店客房将从现有的 6000 间增至 12000 间。同时，延庆已被确定为 2019 年世界园艺博览会主办地，每年游客数量稳步增长。预计到冬奥会时，22 家新的星级酒店将在延庆建成，新增客房超过 5000 间。2020—2021 年雪季，崇礼接待游客 235.02 万人次，同比增长 78%。这种需求带来的市场潜力，让国际酒店集团看好冬奥会的机遇，纷纷入驻崇礼。届时，将强有力带动北京及周边欠发达地区经济、环境和人民生活水平的显著提高，预计新增约 60 万人的就业岗位。又如，河北省特别是张家口、承德等地，是京津冀区域生态空间拓展潜力最大、进行生态建设和环境治理的主战场。以筹办冬奥会、冬残奥会为契机，河北省正努力植树造林，守护绿水青山。全力实施京津风沙源治理和退耕还林工程，推进赛事核心区和迎宾廊道造林绿化，重点扩大建设千松坝、塞北和御道口 3 个百万亩生态林场。

（二）精心做好赛会服务

1. 推进赛会服务保障

按照"三个赛区、一个标准"的原则，加强同国际奥委会等国际体育组织沟通合作，严格落实疫情防控各项措施。优化指挥运行，加强场馆安保团队建设，细化交通安保，完善应急保障方案预案，深入推进涉冬奥交通安全隐患的大排查、大整治，统筹抓好冬奥交通和城市交通。以雪道救援为重点做好医疗服务保障。优化交通组织，做好交通服务。加强签约酒店服务培训，确保食材供应安全。

2. 把住宿保障放在各项服务保障的重要位置

全口径精准测算人员住宿需求，认真梳理住宿保障能力，切实做到结构、需求、数量吻合衔接，确保满足冬奥会住宿需求，扎实完成北京 2022 年冬奥会和冬残奥会赛区住宿业务领域服务保障工作任务。比如，兼顾赛事需求和赛后利用，结合村庄撤并，在崇礼启动建设一批公寓式酒店和庄园式民宿。再如，作为河北省冬奥会住宿餐饮分指挥部成员单位，河北省文化和旅游厅系统梳理冬奥住宿服务保障标准和要求，推出签约饭店服务培训标准、冬奥知识和服务用语中英文手册、签约饭店疫情防控知识手册、视频培训教材。编制完成了《北京 2022 年冬奥会和冬残奥会签约饭店服务质量标准》《北京 2022 年冬奥会和冬残奥会签约饭店纺织品标准》《北京 2022 年冬奥会和冬残奥会餐饮服务指南》，全面阐述签约饭店的服务标准，并根据北京冬奥组委运服部提供的 V3 版人员计划，对《全口径住宿保障方案》工作人员和志愿者住宿、持票观众和普通游客住宿安排进行了调整完善。推动签约酒店星评及预定工作，至 2021 年初，已有 32 家签约酒店（共签约房量 8331 间），其中 15 家已运营饭店全部完成星评工作，2 家试运行、15 家在建饭店完成了预审核工作，同年 12 月，洲际、万豪、Club Med 等酒店集团纷纷布局国内冰雪目的地，推出新的滑雪度假酒店；新开业的崇礼翠云山智选假日酒店及崇礼翠云山皇冠假日酒店，均位于云山国际旅游度假区，毗邻崇礼七大雪场之一银河滑雪场。2021年12月13日，北京2022年冬奥会和冬残奥会（张家口赛区）签约饭店和国宾山庄住宿服务保障唐山帮扶人员入驻座谈会在张家口举办。唐山市首批79位帮扶人员正式入驻富龙假日度假酒店和风铃乐谷精品酒店。作为签约饭店和国宾山庄服务质量专题培训的标准依据和教材，并制订系统培训计划，组织帮扶人员参加线上培训，举办线下培训，协调签约饭店高管人员赴帮扶市上门培训，确保培训参与度和效果；组织开展了"冀旅学堂"线上培训、全域文旅行业从业人员素质提升培训、张家口赛区签约星级饭店服务质量提升专题培训和外出考察，其中，线下集中培训了500多人次，线上指导酒店培训了2000多人次；成立了文旅人才培养联盟，开展"校企合作"，抓紧培养英语和酒店管理等紧缺人才。例如，作为冬奥组委机关驻地和重要赛区，服务保障冬奥筹办是北京石景山区的中心工作。他们将与首钢集团全面履行属地责任和主体责任，用好"双进入"工作模式，组建场馆外围保障团队，推动深度融合，形成内外联动、全面融合、无缝衔接的保障工作体系，为高水平完成筹办任务作出贡献。

3. 按照冬奥食品体系建设规划及实施方案，全面推进冬奥食品供应基地和供应链建设

冬奥食品体系建设坚持三赛区统一标准。加强检验检测能力建设，统筹技术力量，推进检验检测结果互认，严防食源性兴奋剂风险。做好测试赛食品安全保障工作，按照冬奥标准进行全要素测试，妥善做好与赛时的衔接转换，为赛时运行积累经验。加强对供奥食品安全工作的协调指导；要

按照四个最严要求，对供奥基地、食品总仓、餐饮服务商实施全过程、全覆盖监管，强化措施，压实责任，坚守食品安全底线，确保食品供应安全保障工作平稳有序协调推进。例如，来自北京微芯区块链与边缘计算研究院的"基于区块链和加密锚定技术的冬奥食品安全保障技术研发与示范应用"产品，是区块链技术之于冬奥会食品溯源方面的应用。这是基于长安链底层技术，结合区块链不可篡改和可追溯的特性，保障冬奥赛事食品的安全可靠。作为中国食品工业民族品牌，盼盼食品集团积极响应国家战略，全力支持中国体育事业发展。盼盼食品已于2020年10月正式成为北京2022年冬奥会和冬残奥会官方赞助商，开创了中国乃至亚洲包装休闲食品企业赞助冬奥会的先河。

4. 积极开展赛会志愿者和城市志愿者的招募培养和培训工作

例如，北京师范大学曾作为2008年北京夏奥会的志愿者住宿保障高校，具备良好的工作传承基础。2022年冬奥会，北京师范大学北京校区昌平校园将在北京冬奥会赛时期间负责本校志愿者和部分京外、境外志愿者的住宿保障工作。

（三）精心做好科技应用

实施"科技冬奥"行动计划，推出智能场馆改造、云转播等示范项目。加强气象预测评估的研究部署，提高预测精准度，为赛事顺利举办提供更好的气象服务。统筹设置电力、通信等配套设施布局，加强精细化管理，提高规范化、标准化水平。通过场馆和配套基础设施建设，北京冬奥会成为奥运历史上第一届全部使用绿色清洁电能的奥运会；成为奥运历史上第一次大规模使用目前世界最环保的二氧化碳制冰技术的主办城市。由于奥运会涉及国家（地区）多，且运动员等对食品安全的要求高，除了要建立健全食品安全相关法律法规和构建食品安全监管机制之外，更要加强新技术的应用与转化，提高对风险结果的应对能力。秋冬季节是诺如病毒食源性疾病暴发的高发期，快速准确地识别可疑食品及时进行风险预警是北京冬奥会组委会重点关注的食品安全问题。针对组委会的需求，国家食品安全风险评估中心承担的国家重点研发计划"冬奥会食品供应链有害因子智能化快筛技术和预测预警技术研究"项目成功地研制出诺如病毒快检试剂盒，可在 4 小时内完成食品和水源中诺如病毒的检测，腹泻粪便则在 30 分钟内完成检测，且不需要复杂的仪器设备，非常适合现场检测。目前，该试剂盒已经在三个赛区食品供应商完成测试，并在张家口赛区用于对供餐食品的常规检验。

（四）精心做好文化活动

1. 全面启动冬奥会、冬残奥会人才培养、后勤保障、市场开发等各项工作

例如，河北省加快冰雪运动和相关人才培养，抓好张家口学院冰雪学院、北方学院和市职教中心相关专业建设，支持宣化一中建设国家体育总局青少年户外学训基地和全国首所体教结合的冬奥专业学校。

2. 加快推广冰雪运动，提升冰雪运动发展水平

鼓励支持各县区建设滑冰、滑雪场地，开办培训机构，组建市冬季运动

管理中心。组织承办好国际体育大赛，举办一批参与度高、影响力大、带动力强的群众冰雪运动赛事，鼓励和支持更多青少年上冰雪，参与冰雪运动。例如，河北省资助数万名青少年参加滑雪运动，举办自由式滑雪世界杯等国际国内赛事，组织丰富多彩的冰雪活动；打造以崇礼为中心的国际知名冰雪运动和冰雪旅游胜地、国家体育休闲综合示范区、国家冰雪运动推广普及中心。

3. 组织开展"全民迎冬奥、当好东道主"系列活动

例如，张家口市组织编写迎冬奥培训简本教材，分类实施，进机关、进课堂、进社区、进企业、进农村。多形式广泛开办"奥运讲堂"，多形式广泛开展迎冬奥文明创建活动。再如，作为全方位服务北京 2022 年冬奥会的国有企业，北京国资公司坚定不移地把政治责任和社会责任扛在肩上，有序推进国家体育场、国家游泳中心、国家速滑馆三大冬奥场馆的建设改造工作，生动践行了习近平总书记提出的体育场馆"反复利用、综合利用、持久利用"的"中国经验"，积极筹备冬奥会体育展示和颁奖仪式，力争在冬奥舞台上"讲好中国故事、传播好中国声音"。首都体育馆，建成于 1968 年，曾见证了"小球转动大球"的"乒乓外交"、2008 年北京夏季奥运会排球赛事。如今秉承修旧如旧的原则，充分传承与利用现有场馆的设施。老场馆旧貌换新颜，承办短道速滑和花样滑冰项目。冰丝带、水立方、冬奥村等重点场馆和设施坐落于奥林匹克公园内。这些传递了"办出特色、办出精彩、办出独一无二来"的坚定信心。

4. 做好赛事转播，提高赛事关注度和影响力，促进北京冬奥宣传推广逐步升温

做好赛事转播工作，对于展现主办国家和主办城市形象、展示冬奥筹办能力具有重要意义。中央广播电视总台与北京冬奥组委签署《相约北京系列冬季体育赛事转播工作框架合同》和《北京冬奥会电视转播科技创新应用及科技冬奥重点专项技术协同战略合作框架协议》，标志着双方冬奥宣传转播报道、科技创新引领合作进入新阶段。中央广播电视总台充分发挥专业和资源优势，充分发扬精益求精、一丝不苟、追求完美的工作精神，通过赛事转播，向世界讲好北京冬奥故事，传播中华风采，为全球转播商制作并提供相约北京系列冬季体育赛事高质量国际公用电视信号，向全球观众展示冬奥运动无限魅力，以国际水准展现"精彩"冬奥。充分发挥全媒体融合传播优势，积极展示丰富多彩的冬奥文化活动，拍摄冬奥纪录片、官方电影，启动冬奥体育播报员、火炬手选拔等创新节目，以融合传播实现"卓越"冬奥，与北京冬奥组委共同努力，让冬季运动融入亿万民众，全面呈现中国发展成果与先进主张，让世界更加相知相融。

5. 加强与国外冬奥城市的交流合作，学习借鉴办赛经验

冬奥会是全球体育盛会，在筹办过程中除了主办城市的努力也离不开广泛的国际交流。我国冬季项目基础薄弱，更要向国际冰雪强国"取经"。随着中国国际交流的广泛开展，以冬奥会为契机的中外冰雪交流已经驶入"快车道"。结合区域特点，完善、改进宣传方案，精选展示内容，向世界展现最美风采。例如，在 2017 国际冬季运动（北京）博览会上，瑞士在博览会

期间表示将加强瑞士同中方合作伙伴有关 2022 北京冬奥会的合作，进一步促进中国冬季运动和相关产业的发展。2017 年，冬运中心与芬兰沃卡提中心签署合作备忘录，在越野滑雪运动员培养等方面进行合作。2018 年，新一批中国冰球国家集训队将赴芬兰沃卡提中心展开为期 7 个多月的外训，在此之前已有两支冰球国家集训队赴瑞士训练。除了冰球，雪上项目也一直在向北欧冰雪强国"取经"。近几年来，从运动员、教练员再到冰雪相关领域专业人才的交流，对我国打造围绕冰雪产业各方面贯通化的培养体系起到了良好作用。

三、把绿色办奥、共享办奥、开放办奥、廉洁办奥贯穿筹办工作全过程

（一）绿色办奥

习近平总书记指出，要坚持绿色办奥，提升全社会环保意识，加强环境治理和污染防控，把绿色发展理念贯穿筹办工作始终。

1. 冬奥会从场馆建设到场馆运行，绿色办奥的理念贯穿始终

例如，在延庆赛区的国家高山滑雪中心，按照冬奥会和冬残奥会竞赛标准及国际惯例，冬奥会比赛必须使用人工造雪，而人工造雪就需要用大量的水。据统计，国家高山滑雪中心每个雪季造雪所需的水量大约在 80 万立方米左右，水源主要取自附近的佛峪口水库、白河堡水库和自然降水。在造雪用水方面，延庆赛区的国家高山滑雪中心践行绿色办奥理念，为最大限度降低造雪过程中的水资源消耗和加大融雪后的水资源收集，在场馆内

建设了两个高程在 900 米、1050 米的塘坝和一个高程在 1290 米的蓄水池，为山顶的国家高山滑雪中心造雪提供直接的水源。春季雪水融化以后，顺着溪谷，在 900 米高程的附近建一座 900 米塘坝，然后将这些融雪水一部分作为赛区再利用，剩余的部分通过综合管廊流进官厅水库，这样就整体实现水的全生命周期综合利用的循环。除对融雪水收集外，这些蓄水池和塘坝还能对赛区内自然降水进行有效收集和循环利用，实现水资源全收集、全处理、再利用的海绵赛区。

2. 冬奥所有竞赛场馆将 100% 使用绿色电力

2018 年 8 月，北京冬奥会电力协调小组提出冬奥场馆绿电交易实施方案，倡导社会各界积极参与。同年 11 月，《京津冀绿色电力市场化交易规则（试行）》作为我国首个绿电交易规则正式印发，将冬奥场馆的绿电交易列为优先保障对象。2020 年，张北柔性直流电网示范工程正式投入使用。来自张北地区的风能、太阳能、生物质能等清洁能源产生的绿电通过这一工程输入北京电网，它们通过北京冬奥会的跨区域绿电交易机制，照亮北京赛区场馆，为冬奥场馆的"绿色运行"提供保障，助力北京冬奥场馆实现奥运史上首次 100% 清洁能源供电。2020 年 6 月，张北柔性直流电网示范工程投入运行。作为 2022 年冬奥会、冬残奥会清洁能源配套项目，这一工程成功将张家口地区上百家风电场、数千家光伏电站连成一个有机整体，并成功"上网"，实现了绿电的全部接入、消纳和输送。据估算，张北柔性直流电网示范工程每年可向北京地区输送清洁电量约 225 亿千瓦时，大约相当于北京市年用电量的十分之一，折合每年节约标煤 780 万吨、减排二氧化碳 2040 万吨。据了解，张北柔性直流电网示范工程采用了 12 项世界领先的技术，有效解决了张北地区绿色电力"并不上""送不出""难消纳"三大难题。北京市和河北省分别出台了冬奥用户绿电交易规则，国家电网电力交易中心也建立了冬奥会场馆绿电交易组织流程。同时，以北京能源集团为代表的国内多家清洁能源发电企业主动提出为冬奥会提供绿电额度，并降低发电利润为冬奥会贡献资源。由此，从发电、输电、用电到电力交易组织等各方面组成的一张看不见的绿电交易"网"正式形成，奠定了北京冬奥会绿电供应的基石。张北柔性直流电网示范工程投入运行以来，在现有政策和场馆条件允许的前提下，已有多个场馆在建设期提前用上绿电，到北京冬奥会赛时，将实现奥运史上首次所有场馆 100% 使用绿色电力。国际奥委会北京冬奥会协调委员会主席胡安·安·萨马兰奇曾对这一机制给予高度评价，他说：北京冬奥会将是第一个实现"全绿色"的奥运会，对举办地乃至更广范围内的绿色、可持续发展都具有标杆作用。据测算，到 2022 年冬残奥会结束时，冬奥会场馆预计共消耗绿电约 4 亿千瓦时，预计可减少标煤燃烧 12.8 万吨，减排二氧化碳 32 万吨。

3. 氢能应用将成为 2022 年冬奥会的一大亮点

冬奥会、冬残奥会期间氢能将出现在多个应用环节。奥运火炬采用氢作为燃料，氢燃料电池汽车也将亮相。冬奥会、冬残奥会在寒冷区域，氢燃料电池车相对纯电动来讲，它对低温更适应一些。氢能以其泛在、清洁的特性及商业化推广的潜力成为国际能源变革的重要选择。我国氢能源产量丰富，每年没有充分使用的工业副产氢能就有 1000 万吨，足够几百万台"氢汽车"用上几年。在张家口现在有 300 多辆公交车，都是使用氢燃料的。

4. 把发展体育事业同促进生态文明建设结合起来

习近平总书记在北京河北考察并主持召开北京 2022 年冬奥会和冬残奥会筹办工作汇报会时强调，把发展体育事业同促进生态文明建设结合起来，让体育设施同自然景观和谐相融，确保人们既能尽享冰雪运动的无穷魅力，又能尽览大自然的生态之美。筹办冬奥会有助于生态环境的改善。节能减排、生态保护、环境治理等已经成为当前的重要任务。2013 年，北京市出台了 5 年投资 1300 亿美元的"清洁空气行动计划"，河北省同样也在生态环境治理上作出了最大努力。相信随着 2022 年冬奥会筹办和全社会环保意识的逐步提高，生态环境质量和水平必将得到大幅改善。京津冀生态环境支撑区建设取得突破性进展，生态系统韧性和稳定性大幅增强。2020 年，北京市 PM2.5 年均浓度比 2013 年下降 57.5%，天津市 PM2.5 年均浓度比 2013 年下降 50.0%，河北省 PM2.5 年均浓度比 2013 年下降 58.5%。京津冀森林覆盖率达到 35%，生态系统韧性和稳定性大幅增强。风景优美的塞外小城崇礼，因承担 2022 年冬奥会部分项目引发更多关注。北京携手张家口举办冬奥会，推动京津冀环境协同治理进入"快车道"。

5. 张家口赛区奥运核心区将形成完整的生态绿地体系

北京冬奥会张家口赛区《奥运核心区生态景观统筹规划方案》编制完成。根据该方案，张家口赛区奥运核心区将形成完整的生态绿地体系，打造赛时景观风貌——让核心区山更绿景更美。2016—2020 年，全区累计完成各类营造林工程面积 109.23 万亩，其中完成奥运绿化工程 45 万亩；全区森林覆盖率目前已达 67%，奥运核心区超过 80%。为贯彻落实习近平总书记在北京河北考察并主持召开北京 2022 年冬奥会和冬残奥会筹办工作汇报会时的重要讲话精神，突出绿色办奥理念，把发展体育事业同促进生态文明建设结合起来，让体育设施同自然景观和谐相融，目前，崇礼将致力于统筹各项造林绿化工程，进一步提升奥运核心区生态环境品质和生态绿化改造效率。为此，围绕崇礼区远期生态优先、绿色发展的定位，依据"全域、全景、全要素"的原则，统筹山、水、林、田、湖、草等各景观要素，对奥运核心区、冬奥生态风景道、山林地及农田村落等进行总体统筹规划，力求实现"全域不留白、绿色全覆盖"，形成奥运核心区完整的生态绿地体系，打造冬奥会赛时景观风貌。

（二）共享办奥

坚持共享办奥，积极调动社会力量参与办奥，提高城市管理水平和社会文明程度，加快冰雪运动发展和普及，使广大人民群众受益。

1. 北京冬奥会具有不可替代的品牌价值

北京 2022 年冬奥会是近 10 年内在中国举办的最高级别的综合性国际大赛，这也是冬季奥运会首次落户中国。北京也成为全球唯一一座既举办过夏季奥运会又举办冬奥会的城市。曾经举办 2008 年奥运会的北京，将向世界奉献一届"精彩、非凡、卓越"的 2022 年冬奥会。2022 年冬奥会受到国内外的广泛关注，蕴含着健康中国及冰雪运动在中国的快速发展所带来的巨大机遇。有着北京 2008 年奥运会出色市场推广经验的北京冬奥组委，整合 2022 年冬奥会、冬残奥会及中国代表团的权益，为赞助企业提供优质的资源。合作企业由此获得超长的营销期，实现与北京冬奥会同样的精彩、非凡、卓越。北京冬奥会赛期恰逢中国的传统佳节春节，将为赞助企业提供独特的奥林匹克营销机会和展示平台。北京冬奥组委将在2008年北京奥运会品牌保护的成功经验基础上，更加注重对奥林匹克标志和知识产权的保护和宣传，配合政府相关部门坚决查处涉及奥林匹克标志相关的侵权案件，有效防范和制止隐性营销行为，切实维护赞助企业权益。

2. 冰雪旅游构建产业合作桥梁

体育不只有竞技，还能带动相关产业发展。冬奥会背景下，冰雪旅游正成为一门新的生意，以其为支点撬动其他产业的合作，正成为冰雪强国与中方合作的诉求。随着我国经济的发展，前往瑞士、芬兰等国家冰雪旅游正成为国民的新选择。据统计，近些年访问芬兰的中国游客数以40%的速度增长，人均消费940欧元，约为外国游客平均消费额的3倍。通过在瑞士旅游的各种消费，可促进瑞士产品和服务的发展。根据牛津大学经济分析和瑞士国家旅游局的预估到2022年，中国赴瑞士的游客酒店入住夜次将达到200万。以芬兰为例，中国已连续14年成为芬兰在亚洲最大贸易伙伴，芬兰则是中国在北欧地区的第三大贸易伙伴。最近几年，越来越多中国企业对芬兰的高科技公司进行收购，这也已成为芬中经贸关系的一个新特点和趋势。随着中外交流的不断加强，冰雪旅游获将成为中外产业合作的"出发点"。

（三）开放办奥

1. 坚持开放办奥，弘扬奥林匹克精神

坚持开放办奥，加强中外体育交流，推动东西文明交融，展示中国良好

形象。一是坚持开放办奥，在京冀联动办奥的前提下，以"带动3亿多人参与冰雪运动"为目标，让体育成为人民群众的一种生活方式，不断完善全民健身公共服务体系，从而落实全民健身国家战略，助力健康中国建设。二是坚持开放办奥，进一步解放思想观念、拓宽思维眼界，以奥运场馆的建设和利用、文创周边的设计和开发为抓手，激发市场主体活力，丰富体育文化产品，加快发展体育产业，培育经济发展新动能。三是坚持开放办奥，进一步坚持体育人才"引进来"和"走出去"协调发展，以提升竞技体育综合实力为驱动，完善世界优秀教练团队和科研保障团队的引进机制，加速输出国内有资质的体育竞技人才和体育管理人才，从而提升中外体育交流合作水平。四是坚持开放办奥，坚持体育面向现代化、面向世界、面向未来，以冬奥会为契机，从构建体育对外交往新格局、提升中国体育国际影响力等方面，弘扬奥林匹克精神，讲好冬奥故事，讲好中国故事，展现中国人民的精神面貌，推动东西方文明交融，服务大国特色外交事业。

2. 市场开发为奥林匹克发展提供了强大的支持

奥运会市场开发计划由国际奥委会的市场开发计划和举办城市组委会的市场开发计划组成，是举办奥运会重要的经费来源。国际奥委会管理着奥林匹克全球合作伙伴赞助计划、电视转播合作伙伴计划及国际奥委会官方供应商和特许计划。北京2022年冬奥会和冬残奥会市场开发计划由赞助计划、特许经营计划和票务计划三大部分组成。根据奥运会举办国实行联合市场开发的规定，在2017—2024年期间，北京冬奥组委将统一为北京冬奥会和冬残奥会、为中国奥委会和奥运会中国体育代表团、为中国残奥委会和中国残奥体育代表团提供充足资金和物资、技术和服务保障；同时，为北京冬奥会和冬残奥会市场开发参与企业提供权益保护和服务。赞助计划共设四个层级，第一层级是官方合作伙伴，第二层级是官方赞助商，第三层级是官方独家供应商，第四层级是官方供应商。北京冬奥会和北京冬残奥会的赞助权将进行整合销售。每一层级的赞助企业均设立了基准价位，各层级赞助企业首先应达到该价位要求。在同一层级中，不同类别的基准价位会有所差异，以体现不同行业之间的差别，主要类别是银行、运动服装、乳制品、保险、航空客运、固定通信运营服务、移动通信运营服务、办公综合服务等符合北京 2022 年冬奥会和冬残奥会筹办工作需要和奥林匹克市场开发规则的赞助类别。北京冬奥组委将通过公开征集、定向征集、个案征集三种方式，根据不同层级、不同赞助类别的具体情况采取不同的征集方式确定赞助企业。成为北京 2022 年冬奥会的赞助企业，将获得丰厚的权益回报。

3. 坚持面向世界、面向未来、面向现代化，使冬奥会成为对外开放的助推器

例如，国际冬季运动（北京）博览会，简称"冬博会"，是北京奥运城市发展促进会与国际数据集团共同主办、冬季奥林匹克项目国际单项体育联合会总会及 7 个国际冬季单项体育组织协办、共同打造的冰雪产业品牌，自 2016 年起在北京举办，得到了北京 2022 年冬奥会和冬残奥会组织委员会、中国奥林匹克委员会、中华全国体育总会的支持，目前已成为全球规模最大、最权威的冰雪产业第一展。冬博会聚焦国际视野，包括展览展示、高峰论坛、同期活动等，致力于构建国际冬季运动交流渠道，引入世界冬季产业产品和服务链，吸引民众的广泛关注和参与；并通过整合资源，搭

建一站式采购平台，开发中国蕴藏的巨大潜在冬季运动市场。2017 国际冬季运动（北京）博览会在国家会议中心举办。瑞士作为 2017 国际冬季运动（北京）博览会的首个主宾国，在博览会期间展示本国在冬季旅游和冬季运动方面的领先科技和基础设施，推广"瑞士 —— 冰雪家园"的概念，加强瑞士同中方合作伙伴有关 2022 年北京冬季奥运会的合作，进一步促进中国冬季运动和相关产业的发展。2017 年 9 月 7 日，瑞士国家展台举行开幕仪式。该展台由瑞士国家旅游局牵头，在瑞士驻华大使馆和瑞士贸易与投资促进署的支持下，30 多个来自瑞士地方旅游局、机构及与旅游、冬季运动、基础设施和体育运动管理相关的知名品牌和企业在这 4 天内呈现。瑞士一方面在吸引越来越多的中国游客前往瑞士旅游参观，同时也与中国有更多长期的合作。2021 国际冬季运动（北京）博览会开幕式暨主论坛在首钢园举行，国际奥委会主席巴赫发来贺信，国际奥委会委员、北京 2022 年冬奥会协调委员会主席小萨马兰奇发表视频致辞对冬博会表示祝贺，北京 2022 年冬奥会和冬残奥会组织委员会专职副主席兼秘书长韩子荣致辞。本届冬博会延续"冰雪力量"主题，以"实现与国际冬季运动资源对接，拉动中国冰雪产业发展"为宗旨，深耕"国际化、产业化、大众化"三大亮点，构建冰雪经济发展新格局，推动世界冰雪产业生态发展，助力北京 2022 年冬奥会和冬残奥会筹办。

（四）廉洁办奥

习近平总书记强调指出，要注重实用不铺张奢华廉洁办奥。坚持廉洁办奥，主要体现在 4 个方面：一是北京冬奥组委简化办赛方案，努力实现精彩办赛和节俭办赛的统一；二是严格预算管理，控制办奥成本，强化过程监督，让冬奥会像冰雪一样纯洁干净；三是加强各个项目运行的审计监督，确保筹办工作廉洁高效；四是坚持节约原则、不搞铺张浪费，用最节俭的方式承办冬奥会。例如，为了节省资金，国家雪车雪橇中心放弃高薪聘请外国团队，自主创新，喷射浇筑出一条 1.9 千米的混凝土赛道。再如，北京赛区，"水立方"变身"冰立方"，"鸟巢"将成为开闭幕式的举办地，五棵松体育馆用 6 个小时即可实现"冰篮转换"；延庆赛区，建设者动"第一锹土"之前便与林业专家开展了生态环境本底调查，尽最大努力移栽树木、减少砍伐；张家口赛区，根据量身定制的生态修复方案，13 万平方米的施工坡面全部铺上了"生态毯"。凡此种种说明，筹办冬奥会的过程，就是践行资源节约理念的过程，是廉洁办奥的过程。

知识点三
坚定中国特色社会主义的制度自信

一、办好北京冬奥会、冬残奥会的动力和保障

办好北京冬奥会、冬残奥会，既为解决当前中国体育面临的困境与难题创设新机遇，亦为推动新时代体育事业高质量发展创造绝佳契机。北京冬奥会向前迈出的每一步，都牵动着世人的目光。疫情之下怎样开展筹办工作？中国向世界呈现怎样的盛会？习近平总书记在2021年考察北京冬奥会、冬残奥会筹办工作时，对筹办工作给予充分肯定，表达了对办好北京冬奥

会、冬残奥会的满满信心和殷切期待。

经国序民，正其制度。制度优势是一个国家的最大优势。透过一个个可见可感的变化不难发现，北京冬奥会、冬残奥会筹办工作进展顺利，是我国制度优势的深刻彰显。中国特色社会主义制度的优越性，让中国有能力集中力量办好冬奥会和冬残奥会。习近平总书记不仅在众多场合对北京2022年冬奥会、冬残奥会作出重要指示，更是数次深入赛区考察，多次召开专题会议听取筹办工作汇报，为筹办工作提供了根本遵循。得益于以习近平同志为核心的党中央的坚强领导，北京2022年冬奥筹办进展"极其顺利"。场馆建设的提前交工、高铁高速的顺利通车、测试活动的灵活组织、文化活动的有序推广、冰雪项目的从无到有、冰雪运动的普及发展等，都体现了党的领导和举国体制、集中力量办大事的制度优势。

二、制度优势在办好北京冬奥会、冬残奥会的主要体现

（一）制度优势优在上下同欲、勠力同心

以习近平同志为核心的党中央始终关心北京冬奥会、冬残奥会筹办工作，党和人民给予了强大的物质和精神支持。在北京冬奥会、冬残奥会筹办进程中，中国制度通过了一系列"压力测试"，交出了合格答卷。比如，国家高山滑雪中心和国家雪车雪橇中心在国内尚属首次建设，建设者迎难而上，不仅啃下了"硬骨头"，还填补了国内多项空白；尽管面临新冠肺炎疫情挑战，中国仍在坚实履行申奥承诺，12个竞赛场馆克服重重困难于2020年底完工，按照冬奥会的举办要求按时交付，为处于"不确定性"之

中的奥林匹克运动注入强心剂。

（二）制度优势优在速度之快、标准之高

走近拔地而起的国家速滑馆"冰丝带"，晶莹剔透的曲面玻璃幕墙像丝带飞舞一般灵动；登上小海陀山远望，国家雪车雪橇中心的赛道犹如一条在山间盘旋舞动的巨龙；在张家口崇礼古杨树场馆群，"冰玉环"牵手"雪如意"，展现着中国风的魅力。几年间，所有竞赛场馆全部完工，京张高铁、京礼高速全线通车，许多冰雪项目从无到有，甚至达到世界先进水平，不断刷新着冬奥筹办的中国速度与质量，绿色、共享、开放、廉洁的办奥理念，贯穿在了筹办工作全过程，为办成一届精彩、非凡、卓越的奥运盛会奠定了坚实基础。

参考 文献

[1] 何毅亭：《论中国特色社会主义制度》，人民出版社 2020 年版。

[2] 任仲文：《讲好新时代中国故事》，人民日报出版社 2019 年版。

思考题

1. 举办北京 2022 年冬奥会和冬残奥会的重大意义主要有哪些？

2. 北京 2022 年冬奥会和冬残奥会的办赛要求是什么？

3. 制度优势在办好北京冬奥会、冬残奥会的主要体现是什么？

专题四

促进我国人口长期均衡发展

——全面把握人口问题这个全局性战略性问题

知识要点

　　我国是世界上人口最多的国家，人口问题始终是一个全局性、战略性问题。人口发展是关系中华民族发展的大事情，是真正的"国之大者"。要深刻认识我国人口形势及其对经济社会发展的影响。在未来相当长时期内，我国人口众多的基本国情不会根本改变，人口对经济社会发展的压力不会根本改变，人口与资源环境的紧张关系不会根本改变。要准确把握当前我国人口发展变化的趋势性特征。我国人口增速持续放缓，但人口总量保持增长态势；人口性别结构持续改善，人口年龄结构呈现"两升一降"态势；人口受教育水平明显提高，人口的素质不断提升；人口流动依然活跃，人口集聚效应进一步显现。要正确理解中央采取的积极应对人口老龄化、不断优化生育的一系列措施。推动实现适度生育水平、促进人口长期均衡发展是符合我国国情的人口政策。

知识点一

促进人口长期均衡发展的重要意义

　　人口发展是关系中华民族发展的大事情。早在 2010 年，党的十七届五中全会就首次提出了"促进人口长期均衡发展"的目标。同年，党的十七届五中全会通过的《中共中央关于制定国民经济和社会发展第十二个五年规划的建议》明确提出，要控制人口总量，提高人口素质，优化人口结构，促进人口长期均衡发展。

党的十八大以来，党中央高度重视人口问题，根据我国人口发展变化形势，适时作出了逐步调整完善生育政策、促进人口长期均衡发展的一系列重大决策。2012 年，党的十八大强调要促进人口长期均衡发展。2016 年国务院颁布《国家人口发展规划（2016—2030 年）》，以促进人口长期均衡发展为主线，提出了人口长期均衡发展的总目标。2020 年党的十九届五中全会通过的《中共中央关于制定国民经济和社会发展第十四个五年规划和二〇三五年远景目标的建议》强调，要制定人口长期发展战略，促进人口长期均衡发展。2021 年十三届全国人大四次会议通过的《中华人民共和国国民经济和社会发展第十四个五年规划和 2035 年远景目标纲要》，再次强调要"制定人口长期发展战略，优化生育政策，以'一老一小'为重点完善人口服务体系，促进人口长期均衡发展"。2021 年 5 月 31 日，中共中央政治局会议决定，进一步优化生育政策，实施一对夫妻可以生育三个子女的政策及配套支持措施。2021 年 6 月 26 日，中共中央、国务院作出了《关于优化生育政策促进人口长期均衡发展的决定》，进一步明确了促进人口长期均衡发展的指导思想、主要原则和目标，并对组织实施好三孩生育政策、提高优生优育服务水平、发展普惠托育服务体系、降低生育养育教育成本、加强政策调整有序衔接和强化组织实施保障作出了具体部署。

我国是世界上人口最多的国家，人口问题始终是关系经济社会发展的基础性、全局性、战略性问题。促进人口长期均衡发展，是新时代我国人口发展的重大政策取向，必须从中华民族发展的战略高度充分认识这一问题的重要意义。

（一）中华民族发展的大事情

人口的长期均衡发展是关系中华民族发展的大事情，事关国家长治久安，事关民族永续发展。我国是世界上人口最多的国家。根据人口普查数据，"80后""90后""00后"的出生人口分别是2.19亿、1.88亿、1.47亿。从"80后"到"00后"，出生人口就萎缩了32%。如果生育率一直维持在1.4左右的水平，那么总人口在达到峰值后将以每50年减少一半的速度萎缩。我国现在的人口还没有萎缩，只是因为过去的生育率高于人口世代更替水平，且人均预期寿命不断延长。

保持适度的人口规模，才能确保我国人口安全。人口安全是非传统安全谱系中的重要一维，是人口均衡、可持续、高质量发展的底线、红线和防线，在国家总体安全中占据基础性地位，举足轻重。

人口始终是经济社会发展和民族复兴的第一资源。必须从国计民生和中华民族伟大复兴的战略高度，充分认识促进我国人口长期均衡发展的终端重要性。

（二）应对世界百年未有之大变局

人口的长期均衡发展是应对世界百年未有之大变局的关键因素之一。我们必须从关系中华民族伟大复兴、应对世界百年未有之大变局的高度，充分认识到促进人口长期均衡发展的战略意义。新中国成立以来，改革开放以来，特别是进入21世纪以来，我国人口形势发展了一系列新变化。从人口总量来看，我国人口基数大、人口众多的基本国情没有改变，但我国人口在总量保持增长的同时增速持续放缓。近代以来，中国人口增长速度远低于世界平均水平，从而导致我国人口占世界总人口的比重不断下降，从1820年的36.6%，下降到1900年的25.6%，再下降到1950年的21.8%，1980年曾上升到22.1%，但随后又下降到2020年的大约18.5%。根据联合国《世界人口展望（2019）》中方案预测数据，中国人口将在2030年前进入负增长阶段。因此，只有促进我国人口的长期均衡发展，并保持在世界总人口中的适当比重，才能充分发挥我国人口优势，为国家经济社会发展和民族伟大复兴创造必要的条件。

（三）落实积极应对人口老龄化国家战略

人口的长期均衡发展是落实积极应对人口老龄化国家战略的重要一环。老龄化是全球性人口发展大趋势，也是我国发展面临的重大挑战。我国目前正在经历着世界上规模最大，同时也是速度最快的人口老龄化过程。历次全国人口普查数据显示，我国65岁及以上的老年人口占总人口的比重，1953年为4.41%，1964年为3.56%，1982年为4.91%，1990年为5.57%，2000年为6.96%，2010年为8.87%，2020年第七次人口普查时已经高达13.5%。这说明，我国自2000年开始，就已经跨入了老龄化国家的行列。随着我国用较短的时间实现了人口再生产类型的转变，从年轻型人口国家转变为成年型人口国家，并继而转变为老年型人口国家。"十四五"期间，我国人口将进入中度老龄化阶段，2035年前后进入重度老龄化阶段，将对经济运行全领域、社会建设各环节、社会文化多方面产生深远影响。优化生育政策、促进人口长期均衡发展，有利于释放生育潜能，减缓人口老龄化进程，促进代际和谐，增强社会整体活力。

（四）保持人力资源禀赋优势

人口的长期均衡发展是保持人力资源禀赋优势的必要条件。人口是社会发展的主体，也是影响经济可持续发展的关键变量。当前，我国正处于从人口大国向人力资本强国转变的重大战略机遇期。2017 年我国人口净（出生人口数减去死亡人口数）增加 737 万人，2018 年净增加 530 万人，2019 年净增加 467 万人，2020 年只增加了 204 万人。人口增量的减少导致我国劳动年龄人口减少。我国从 2017 年开始劳动力已经下降。在可以预见的未来，劳动年龄人口下降态势将不可逆转，劳动年龄人口规模也将持续萎缩。2012 年以来，我国劳动年龄人口（15~59 岁）每年减少几百万，已累计减少 4000 万以上。如果在 2030 年前后进入人口负增长阶段，劳动年龄人口规模下降速度会进一步加快，劳动年龄人口占总人口的比重将下降到 2050 年的 50% 左右，且劳动年龄人口年龄中位数上升，劳动力年龄结构老化。尽管随着我国人口的教育、健康等素质持续改善，人口红利仍然存在，但劳动年龄人口增量的下降和总量的减少，使以劳动力充裕、劳动年龄人口年轻化为主要特色的人口红利逐步减退。因此，要保持和发挥我国人力资源禀赋优势，必须促进人口的长期均衡发展。根据第七次全国人口普查结果，2020 年我国 0~14 岁少儿人口占比从 2010 年的 16.6% 提高到了 17.95%。近年来，由于政策调整原因，全国累计多出生"二孩"1000 多万人。可以说，人口政策的调整取得了积极成效，为未来劳动力供给的改善提供了相对稳定的支撑。

（五）促进人与自然和谐共生

人口的长期均衡发展是促进人与自然和谐共生的基础性条件。在未来相当长时期内，我国人口众多的基本国情不会根本改变，人口对经济社会发展的压力不会根本改变，人口与资源环境的紧平衡状（图4-1）不会根本改变，脱贫地区以及一些生态脆弱、资源匮乏地区人口与发展矛盾仍然比较突出。优化生育政策，促进人口长期均衡发展，有利于进一步巩固脱贫攻坚和全面建成小康社会成果，引导人口区域合理分布，促进人口与经济、社会、资源、环境协调可持续发展。

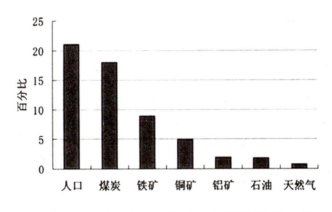

图 4-1　我国人口和矿产资源占世界的比重

知识点二
我国人口发展的总体态势与主要特征

我国分别在 1953 年、1964 年、1982 年、1990 年、2000 年、2010 年和

2020 年，先后进行了七次全国人口普查。根据第七次全国人口普查结果，2020 年 11 月 1 日零时，我国总人口为 144349.73 万人。其中：普查登记的 31 个省、自治区、直辖市和现役军人人口共 141177.87 万人（以下简称"我国人口"，均指我国内地人口，不包括港澳台人口）；香港特别行政区人口为 747.42 万人；澳门特别行政区人口为 68.32 万人人；台湾地区人口为 2356.12 万人。根据第七次人口普查结果，并对比前几次人口普查数据，可以清晰地看到我国人口发展的一系列明显特征。

（一）人口总体规模仍然在增加，但人口增长率呈下降趋势

根据第七次全国人口普查结果，截至 2020 年年末我国总人口约为 14.1 亿，我国人口约占全球总人口的 18%，仍然是世界上第一人口大国。与 2010 年 11 月第六次全国人口时的 13.4 亿人相比，10 年共增加 7206 万人，增长率为 5.38%，年平均增长 0.53%。延续了历次人口普查总人口持续增加的态势。这十年，我国人口增长率比全球人口年均增长率（1.14%）低 0.61 个百分点，但比发达国家年均增长率（0.31%）高 0.22 个百分点。

比较 1953—2020 年七次全国人口普查数据（见表 4-1），可以发现我国人口增长率变化的阶段性特征。1953—1982 年，我国人口处于快速增长阶段，人口年均增长率从 1953—1964 年 1.61%，上升到 1964—1982 年的 2.09%；1982—2010 年，我国人口增长率处于明显下降阶段，其中：1982—1990 年我国人口年均增长率只有 1.48%，1990—2000 年更下降到了 1.07%，2000—2010 年进一步下降到 0.57%；2010—2020 年，我国人口增长率处于

稳中有降的阶段，年均增长率已经下降到 0.53%。尽管我国人口总体规模继续保持增长的态势，但是增幅持续缩减、增速明显放缓，整体呈现出低速惯性增长的态势。

表 4-1　历次人口普查人口数和人口增长情况

普查时点 （年、月、日）	普查时点上的 总人口 / 万人	相对上一次普查的 人口增长量 / 万人	相对上一次普查 的增长率 /%	相对上一次普查的年 平均增长率 /%
1953.7.1	58260	—	—	—
1964.7.1	69458	11198	19.22	1.61
1982.7.1	100818	31360	45.15	2.09
1990.7.1	113368	12550	12.45	1.48
2000.11.1	126583	13215	11.66	1.07
2010.11.1	133972	7389	5.84	0.57
2020.11.1	141178	7206	5.38	0.53

资料来源：所有数据均来自历次普查官方公布的数据。

（二）出生率持续下降，死亡率由下降转为上升，人口发展面临巨大压力

新中国成立以后，我国曾经出现过两次人口生育高峰。一是 1949—1958 年，我国人口增加 1.2 亿，增长了 21.8%；二是 1961—1970 年，我国人口增加 1.7 亿，增长了 26.0%。这两个时期，我国总人口净增了将近 3 亿。为抑制人口的过快增长，从 20 世纪 70 年代初开始，我国开始了全面的计划生育，并提出和实施了限制人口增长的政策。计划生育政策的推行，使我国人口出生率从 1970 年的 33.43‰快速下降到 1979 年的 17.82‰，尽管在 20 世纪 80 年代后期出现了一个短时期的出生率反弹，但在 1987 年达到

23.33‰之后又开始持续性的下降，2004年下降到仅仅12.29‰，2010年进一步下降到12‰以下。

与此同时，除了三年困难时期，我国人口死亡率在很长一段时期内都是持续下降的。从新中国成立之初的高达20‰，稳步下降到1965年的10‰以下。1965年到1976年十年间，从9.5‰波浪式下降到7.25‰。此后，一直到2008年，我国人口死亡率一直处于6.01‰~6.86‰。但是，我国人口的死亡率从2004年开始出现上升的趋势，并于2008年重回7‰以上。因而，在出生率已经下降到极低的情况下，死亡率的升高导致我国人口的自然增长率下降速度加快，我国人口发展面临更为严峻的形势。

我国人口自然增长率已经从20世纪90年代末期的15‰以上，一路下滑至2019年3.34‰，已经预示着总人口将走向负增长的基本趋势。在可预见的将来，中国人口负增长趋势是难以逆转的。

（三）人口年龄结构"两升一降"，老龄化呈现加速态势

按照国际通用的标准，当一个国家或地区65岁及以上老年人口数量占总人口的比重达到7%时，就意味着这个国家或地区进入了"老龄化社会"，达到14%即进入"老龄社会"；达到20%则进入"超老龄社会"，从老龄化的进程划分，也分别被称之为轻度老龄化、中度老龄化和重度老龄化。

人口老龄化是中国人口发展的显著特征。根据第七次人口普查结果，2020年我国60岁及以上人口为26402万人，占18.70%，其中，65岁及以上人口为19064万人，占13.50%。2010—2020年，我国0~14岁少儿人口占总人口的比重上升1.35%，15~59岁人口占总人口的比重下降

6.79%，60 岁及以上老年人口占总人口的比重上升 5.44%，65 岁及以上老年人口比 2010 年上升 4.63%。我国人口的年龄结构呈现出"两升一降"的明显特征。

从历次人口普查变化趋势来看（见表 4-2），人口老龄化逐步加深的特征越来越明显。1953 年、1964 年和 1982 年人口普查，65 岁及以上人口占比均在 5% 以下，1990 年比 1982 年上升 0.66 个百分点，2000 年相比 1990 年上升 1.39 个百分点，2010 年相比 2000 年上升 1.91 个百分点，2020 年相比 2010 年上升 4.63 个百分点。受 20 世纪 60 年代出生高峰期人口已经或即将进入老年阶段的影响，我国老年人口的增长将进入快速增长通道。预计"十四五"期内，老年 65 岁及以上人口所占比重将达到 20%，进入"中度老龄化"，尤为"老龄社会"。

表 4-2 历次人口普查人口年龄结构状况

普查时点 （年、月、日）	人口比例 /%			抚养比 /%			老少比 /%	年龄 中位数 /岁	平均 年龄 /岁
	0~14	15~64	65+	少儿 抚养比	老年 抚养比	总 抚养比			
1953.7.1	36.28	59.31	4.41	61.17	7.44	68.61	12.16	22.7	26.5
1964.7.1	40.70	55.74	3.56	73.02	6.93	79.41	8.76	20.2	24.9
1982.7.1	33.59	61.50	4.91	54.62	7.97	62.60	14.62	22.9	27.1
1990.7.1	27.70	66.72	5.58	41.52	8.37	49.89	20.96	25.3	28.7
2000.11.1	22.89	70.15	6.96	32.63	9.92	42.55	30.41	30.8	32.5
2010.11.1	16.60	74.53	8.87	23.67	12.65	36.31	53.43	35.9	36.1
2020.11.1	17.95	68.55	13.50	26.19	19.69	45.88	75.20		38.8

资料来源：历次人口普查资料和 2020 年人口普查主要数据。

（四）人口城镇化速度加快，人口的城乡结构得到快速调整

2020 年，我国城镇人口为 90199 万人，占总人口的 63.89%；乡村人口为 50979 万人，占总人口的 36.11%。与 2010 年相比，城镇人口增加 23642 万人，乡村人口减少 16436 万人，城镇人口比重上升 14.21%，年均增长 1.4%。其中，从乡村流向城镇的人口为 2.49 亿人，比 2010 年增加了 1.06 亿人。城镇化进程的加快，使我国人口的城乡结构发生了重大改变。

1953 年第一次全国人口普查（图 4-2）时，我国城镇人口比重只有 13.3%。在随后严格的户籍管理制度和城乡二元经济结构的约束下，城镇人口占总人口的比重上升十分缓慢，1964 年第二次人口普查时仅仅提高到 18.4%。1982 年第三次人口普查时，城镇人口所占比重小幅上升到 20.6%，18 年时间仅仅提高了 2 个多百分点。改革开放初期农村家庭联产承包责任制的实行，调动了农民生产积极性，农业劳动生产率得到显著提高，出现了大量的剩余劳动力，部分农村剩余劳动力开始自发地向城镇和非农产业转移。从 1985 年开始，国家陆续出台了一系列允许农民进城的政策。1990 年第四次人口普查时，我国城镇人口占总人口的比重已经上升为 26.2%。也是从这个时候开始，我国城镇化进程速度明显加快。到 2000 年我国城镇化水平提高到 36.1%，2010 年提高到 49.7%，城镇人口和乡村人口比重基本相等。从这时起，我国人口的城乡结构开始逆转，我国从一个以农村人口为主、农村人口占多数的国家向以城镇人口为主体、城镇人口占多数的国家转变。2020 年我国城镇人口所占比重达到 63.9%，超额完成了《国家新型城镇化规划（2014—2020 年）》提出的到 2020 年常住人口城镇化率达到 60% 左右的目标。

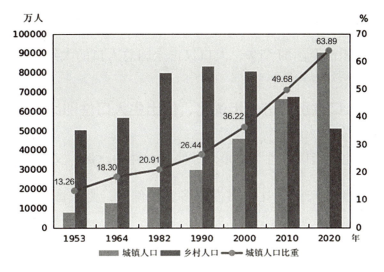

图 4-2　历次人口普查城乡人口比重

（五）人户分离和流动人口大幅度提升，人口向东南沿海聚焦

人户分离人口，是指居住地与户口登记地所在的乡镇街道不一致且离开户口登记地半年以上的人口。流动人口则是指人户分离人口中扣除市辖区内人户分离的人口。2000 年第五次全国人口普查时，我国人户分离人口为 1.4 亿，占全国总人口的 11.4%，流动人口 1.2 亿，占全国总人口的 9.6%。2010 年，人户分离人口增长到 2.6 亿，占总人口的 19.5%，流动人口为 2.2 亿，占总人口的 16.5%。2020 年，人户分离人口大幅度增加到 4.9 亿，占全国人口的 34.9%，流动人口规模达到近 3.8 亿，占总人口的 26.6%。

从人口城乡流动看，主要是从农村向城市流动。从人口区域流动看，主要是从内陆地区向东部沿海地区流动。前者推动着人口城镇化的快速发展，后者则进一步固化了"胡焕庸线"。从黑龙江的黑河到云南的腾冲，是我国人口的地理分界线，在国际上被命名为"胡焕庸线"。该线的东南部，土地面积仅占全国总面积的 43%，但人口占全国总人口的大约 94%；该线的西北部，土地面积占全国的 57%，人口仅占全国总人口的大约 6%。

（六）总人口性别比进一步优化，但出生人口性别比仍处于高位

人口性别比，指以女性为 100，男性与女性的比例。又可以细分为总人口性别比和出生人口性别比。男性偏多女性偏少，是我国人口的一个重要特征。1953 年第一次全国人口普查时，我国总人口性别比高达 107.6，1964年下降到 105.5。但是，从 1982 年、1990 年和 2000 年三次人口普查数据看，这一时期我国总人口性别比呈小幅上升的趋势，先后从 106.3 上升到 106.6，再上升到 106.7。2010 年第六次全国人口普查时，我国总人口性别比下降到105.20，2020 年进一步下降到 105.1。从历年人口普查数据来看（图 4-3），总人口性别比下降在历经下降、上升、下降的阶段性交替之后，出现了明显的下降趋势，总人口性别结构得到了有效优化。

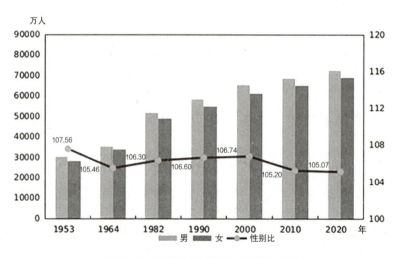

图 4-3 历次人口普查人口性别构成

但是，我国出生人口性别比在 1982 年第三次人口普查时达到 108.5，超过了国际公认的正常比值（102~107）。1990 年第四次人口普查时又继续上

升到了 111.3，2000 年第五次人口普查时进一步提高到 116.9，2010 年第六次人口普查达到 118.1。2020 年我国出生人口性别比下降为 111.3，与 1990 年持平。尽管近年来我国出生人口性别比出现了明显下降，但仍远远高于出生人口性别比的正常水平，使出生人口性别比回归正常水平仍然需要作出多方面的努力。

（七）我国人口的平均受教育年限大幅增加，国民科技文化素质稳步提高

我国人口的受教育水平明显提高，人口素质不断提升。根据 2020 年第七次人口普查数据（图 4-4），我国人口中拥有大学（指大专及以上）文化程度的人口为 2.18 亿，拥有高中（含中专）文化程度的人口为 2.13 亿人，拥有初中文化程度的人口为 4.87 亿人，拥有小学文化程度的人口为 3.5 亿人。与 2010 年第六次全国人口普查相比，每 10 万人中拥有大学文化程度的由 8930 人上升为 15467 人，拥有高中文化程度的由 14032 人上升为 15088 人，拥有初中文化程度的由 38788 人下降为 34507 人，拥有小学文化程度的由 26779 人下降为 24767 人。我国人口的文化程度呈明显的"两升两降"趋势，即拥有大学和高中文化程度的所占比重上升，拥有初中和小学文化程度的所占比重下降。与 2010 年第六次全国人口普查相比，全国人口中，文盲率由 4.08% 下降到 2.67%，15 岁及以上人口的平均受教育年限由 9.08 年提高至 9.91 年。

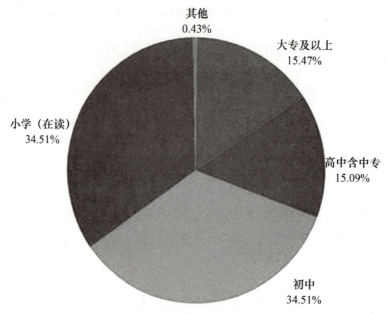

图 4-4　第七次人口普查受教育程度

　　从上述分析可以看出，当前我国人口发展正处在一个关键的转折时期。尽管我国仍然是世界上第一人口大国，人口总体规模仍然在增加，但增幅持续缩减、增速明显放缓，呈现出低速增长的态势。在出生率持续下降，死亡率由下降转为上升的背景下，人口发展面临巨大压力。从人口的年龄结构看，"两升一降"明显，老龄化呈现加速态势。人口城镇化速度加快，人口的城乡结构得到快速调整。人户分离和流动人口大幅度提升，人口向东南沿海聚焦。总人口性别比进一步优化，但出生人口性别比仍处于高位。人口的平均受教育年限大幅增加，国民科技文化素质稳步提高。新时期人口发展的这一系列重大变化，既有积极的方面，如人口的城乡结构变化、性别比的优化，以及受教育程度的提高等，但也有许多值得特别关注和重视的方面，尤其是生育率长期低于人口正常世代更替水平，人口老龄化加速等，这将对我国经济社会发展以至中华民族的伟大复兴产生一系列深远而重大的影响。

知识点三
优化人口政策促进人口均衡发展

我国的人口发展目标，就是要促进人口长期均衡发展。因此，人口政策不是一成不变的，必须随人口变化和经济社会发展进行动态调整。

（一）我国人口政策的调整

我国的人口政策是在实践中逐步形成和调整的。1954 年经济学家马寅初提出了人口问题以及控制人口过快增长的思路。1955 年中共中央发出《关于节制人口问题的指示》，提出"在当前的历史条件下，为了国家、家庭和新生一代的利益，我们党是赞成适当地节制生育的"。1956 年周恩来总理在《关于发展国民经济第二个五年计划的建议的报告》中提出："为了保护妇女和儿童，很好地教养后代，以利民族的健康和繁荣，我们赞成在生育方面加以适当的节制。"首次正式表示了中国政府在人口方面的政策性观点。1962 年中共中央和国务院联合发布的《关于认真提倡计划生育的指示》提出："使生育问题由毫无计划的状态逐渐走向有计划的状态，这是我国社会主义建设中既定的政策"。1964 年国务院成立了计划生育办公室。当时的号召，是"一个不少，两个正好，三个多了"。

为了抑制人口的高速增长，从 20 世纪 70 年代初开始，中国政府开始全面推行计划生育，并提出了限制人口增长的政策。1973 年国家把人口指标第一次列入国民经济发展计划指标中，国务院恢复了计划生育领导小组，负责全国计划生育的日常管理工作，各省、市、自治区和基层单位成立了计划生育工作机构,广泛深入推行计划生育工作,进一步提出了"晚、稀、少"的要求,有关计划生育的各项政策法规先后颁布实行。1978 年党的十一届三中全会提出了"最好只生一个"和"晚婚、晚育、少生、优生"的号召,同年中共中央 69 号文件又提出一对夫妇生育子女"最好一个,最多两个"的号召。1980 年中共中央发出指示,要求共产党员和共青团员响应"一对夫妇只生育一个孩子"的号召。1981 年的《政府工作报告》中提出:"限制人口数量,提高人口质量,这就是我们的人口政策。"1982 年党的十二大报告又提出:"实行计划生育,是我国的一项基本国策。"

实行计划生育政策以来,全国累计少生 4 亿多人,人口过快增长得到有效控制,妇女儿童发展状况极大改善,人口素质明显提高,人口再生产类型实现历史性转变,有效缓解了人口对资源环境的压力,有力地促进了经济持续较快发展和社会进步,改善了妇女儿童发展状况,为全面建成小康社会奠定了坚实基础。我国实行计划生育也为世界人口发展和减贫作出了重大贡献,树立了负责任大国的良好形象。

随着计划生育政策的有效实施,人口过快增长的势头得到了有效遏制,但是,我国人口发展中的一系列结构性矛盾越来越凸显,如劳动年龄人口和育龄妇女规模下降,老龄化程度加深,总和生育率下降,出生人口数量走低。2020 年我国育龄妇女总和生育率只有 1.3,已经处于很低的水平。从 2010 年到 2020 年,我国人口年均增长率只有 0.53%,比 2000 年到 2010 年的年平均增长率 0.57% 还要低 0.04 个百分点。

2010 年党的十七届五中全会首次提出促进人口长期均衡发展的目标,

明确提出要控制人口总量，提高人口素质，优化人口结构，促进人口长期均衡发展。2012年党的十八大进一步强调促进人口长期均衡发展。

实际上，从2008年起，原国家人口计生委就启动了调整完善生育政策的准备工作。通过一系列调查、核查、校验等，对我国人口总量和结构、生育现状及人口变动趋势有了比较客观、准确的判断和估计。2010年1月6日，原国家人口计生委下发《国家人口发展"十二五"规划思路(征求意见稿)》，提出要"稳妥开展实行'夫妻一方为独生子女的家庭可以生育第二个孩子'的政策试点工作"。2011年11月，我国全面放开"双独二孩"，即夫妻双方均为独生子女的可生育二孩。2013年，党的十八届三中全会通过的《中共中央关于全面深化改革若干重大问题的决定》提出，"坚持计划生育的基本国策，启动实施一方是独生子女的夫妇可生育两个孩子的政策，逐步调整完善生育政策，促进人口长期均衡发展"，决定启动和实施"单独二孩"政策。从"双独二孩"到"单独二孩"政策的调整，仅仅过了两年时间。

2015年10月29日，党的十八届五中全会提出："促进人口均衡发展，坚持计划生育的基本国策，完善人口发展战略，全面实施一对夫妇可生育两个孩子的政策，积极开展应对人口老龄化行动。"2015年12月，中共中央、国务院作出了《关于实施全面两孩政策，改革完善计划生育服务管理的决定》(以下简称《决定》)，提出"从2016年开始实施全面两孩政策"。《决定》强调，实施全面两孩政策、改革完善计划生育服务管理，是促进人口长期均衡发展的重大举措，有利于优化人口结构，增加劳动力供给，减缓人口老龄化压力；有利于促进经济社会持续健康发展，实现全面建成小康社会的奋斗目标；有利于更好地落实计划生育基本国策，促进家庭幸福与社会和谐。

从"双独二孩"到"单独二孩"，再到"全面两孩"，结束了紧缩型的人口政策取向。据国家相关部门统计，2017年我国出生人口为1723万人。这比2016年减少63万人。同时，新增人口中一孩数只有724万人，比2016年还减少249万人，近1000万为二孩。这是近20年来首次出现二孩出生数高于一孩出生数的情况。这说明，2017年我国出生人口数的下降，最主要因素是很多育龄夫妇不愿意也没有生一孩。如果没有"全面两孩"政策的实施，2017年我国出生人口数会更少。

"全面二孩"政策远不足以维持人口正常更替。因为即使全国平均每对夫妇都生育两个孩子，生育率仍然低于人口正常世代更替水平，从长远看这个国家的人口还是会缓慢减少。更何况总有一部分夫妇不愿意生二孩，甚至还有一部分夫妇连一个孩子也不愿意生。要使生育率达到或尽可能接近2.1的人口世代更替水平，就必须有一部分夫妇生育三孩。

2021年5月31日，中共中央政治局会议决定，进一步优化生育政策，实施一对夫妻可以生育三个子女的政策及配套支持措施。这一举措有利于改善我国人口结构，落实积极应对人口老龄化的国家战略，保持我国人力资源禀赋优势。2021年6月26日，中共中央、国务院印发了《关于优化生育政策促进人口长期均衡发展的决定》，正式提出"依法实施三孩生育政策""取消社会抚养费等制约措施""以'一老一小'为重点，建立健全覆盖全生命周期的人口服务体系""建立人口长期均衡发展指标体系，健全人口预测预警制度""到2025年，积极生育支持政策体系基本建立"的目标。

2021 年 8 月 20 日，十三届全国人大常委会第十三次会议审议通过了修改人口与计划生育法的决定，为实施一对夫妻可以生育三个子女提供了政策和法律依据。全面实施三孩政策，是党中央、国务院根据我国人口发展变化形势作出的重大决策。

（二）促进生育政策与相关经济社会政策的配套衔接

国际经验表明，在一个国家或地区的生育率过高时，可以采取强力措施控制人口过快增长，这比较容易做到。但是，当一个国家或地区的生育率过低时，寄希望于采取措施鼓励生育，提高生育率，预防或遏制人口负增长，就不一定能够达到理想的效果。从北欧国家、苏联，以及我们的近邻韩国和新加坡等国家情况看，都可以证明这一点。

由于各种原因，我国生育率实际上早就已经大大低于人口正常世代更替水平。根据国家相关部门统计，2017 年出生人口数为 1723 万人，比 2016 年减少 63 万人；2018 年出生人口数为 1523 万人，比上一年又减少 200 万人；2019 年出生人口数又下降到 1465 万人，2020 年更是进一步下降到 1200 万人。

针对我国生育成本越来越高、国民生育意愿下降、生育率持续走低的现实，要实施好三孩生育政策，进而实现促进我国人口长期均衡发展的目标，必须制订和实施与生育政策相配套的一系列经济社会政策。为此，党的十九大报告就提出，要"促进生育政策与相关经济社会政策的配套衔接"，这是具有极为重大现实意义和针对性的政策导向。党的十九届五中全会《建议》提出，要"提高优生优育服务水平，发展普惠托育服务体系，降低生育、养育、教育成本"。中共中央、国务院《关于优化生育政策促进人口长期均衡发展的决定》，对提高优生优育服务水平，发展普惠托育服务体系，降低生育、养育、教育成本，提出了一系列具体而明确的政策举措。

1. 要提高优生优育服务水平

有效延缓我国人口老龄化进程，为国家经济社会发展和中华民族伟大复兴创造良好的人口条件，不仅仅要遏制当前生育率持续下降的趋势，使过低的生育率尽可能回归正常水平，而且必须着力提高出生人口素质。出生缺陷是全球关注的重大公共卫生问题，我国更是出生缺陷的高发国家之一，每年约有 80 万至 120 万名的缺陷儿出生，占全部出生人数的 4%~6%。减少出生缺陷，关键在预防。目前我国实行出生缺陷三级预防，一级预防主要是在孕前通过婚前检查、孕前高风险因素评估、孕前保健等实现；二级预防在产前进行，通过孕期筛查和产前诊断来识别严重先天缺陷胎儿；三级预防是对出生后的新生儿进行先天性、遗传性疾病筛查，及早发现和治疗出生缺陷儿，最大限度地减轻出生缺陷的危害。中共中央、国务院《关于优化生育政策促进人口长期均衡发展的决定》要求："全面落实妊娠风险筛查与评估、高危孕产妇专案管理、危急重症救治、孕产妇死亡个案报告和约谈通报等母婴安全五项制度""健全出生缺陷防治网络，落实三级预防措施"。要加强相关知识普及和出生缺陷防控咨询，强化婚前保健，推进孕前优生健康检查，加强产前筛查和诊断，推动围孕期、产前产后一体化管理服务和多学科协作。要扩大新生儿疾病筛查病种范围，促进早筛早诊早治。做好出生缺陷患儿基本医疗和康复救助工作。

2. 要大力发展普惠托育服务体系

党的十九大报告把保障和改善民生的目标从"五有"拓展为"七有"，其中第一个"有"即"幼有所育"。"幼有所育"首先要解决的是学龄前儿童入园难问题。入园难入园贵，是许多育龄夫妇不愿生、不敢生第二个第三个孩子，甚至一个小孩也不愿生、不敢生的重要原因。因为托育服务发展的滞后和供给不足，许多女性因为担心看护婴儿不得不放弃工作，或者无法全身心投入工作，将影响自己的职业发展，而选择放弃生育。要大力发展多种形式的普惠服务。一方面，发挥中央预算内投资的引导和撬动作用，推动建设一批方便可及、价格可接受、质量有保障的托育服务机构；另一方面，政府应鼓励企业、机关事业单位、社区利用闲置场地举办托育机构，鼓励社会资本进入托育服务领域，对托育服务提供货币补贴和政策扶持。有条件的用人单位要为职工提供托育服务。国有企业等主体要积极参与各级政府推动的普惠托育服务体系建设。加强社区托育服务设施建设，完善居住社区婴幼儿活动场所和服务设施。国家支持隔代照料、家庭互助等照护模式，支持家政企业扩大育儿服务。发展托育服务，必须坚持应走公益性与市场化相结合的发展之路。政府、市场和社会既要有分工，更要有合作，充分发挥多元主体的积极性和作用。

3. 要完善和严格落实带薪产假、陪产假制度

我国在法律制度上解决了带薪产假的制度安排，但关键是完善和落实。一些育龄夫妇不愿意生育，同担心休产假将影响职业发展、产假时间短等有关。中共中央、国务院《关于优化生育政策促进人口长期均衡发展的决

定》明确要求："严格落实产假、哺乳假等制度。支持有条件的地方开展父母育儿假试点，健全假期用工成本分担机制"。

自国家出台"三孩"生育政策后，各省、直辖市和自治区先后修订了人口与计划生育条例，增设育儿假和护理假，延长产假。比如，北京按规定生育子女的夫妻，女方除享受国家规定的产假外，享受延长生育假 60 日，男方享受陪产假 15 日。上海规定，符合法律法规规定生育的夫妻，女方除享受国家规定的产假外，还可以再享受生育假 60 天，男方享受配偶陪产假 10 天；在其子女年满 3 周岁之前，双方每年可以享受育儿假各 5 天。天津规定，符合法律、法规规定生育子女的夫妻，女方在享受国家规定的生育假（产假）的基础上增加生育假（产假）60 天，男方享受 15 天的陪产假；在子女 3 周岁以下期间，用人单位每年给予夫妻双方各 10 天的育儿假。重庆规定，符合法律法规规定生育的女职工，在国家规定产假的基础上增加产假 80 天；符合法律法规规定生育的女职工产假期间，男方所在单位应当给予男方护理假 20 天；在产假或者护理假期满后，经单位批准，夫妻一方可以休育儿假至子女 1 周岁止，或者夫妻双方可以在子女 6 周岁前每年各累计休 5~10 天的育儿假。湖北规定，符合法律法规规定生育的妇女，在享受国家规定的 98 天产假外，增加 60 天，共 158 天产假；其配偶享受 15 天护理假；3 岁以下婴幼儿父母，每人每年享受累计 10 天育儿假。甘肃规定符合条例规定生育子女的，女方享受产假 180 天,男方享受护理假 30 天；子女不满 3 周岁的，夫妻双方所在单位应当分别给予每年 15 天的育儿假。

完善和落实产假制度，应解决好三个问题。一是在避免过度影响企事业单位生产经营前提下适当延长假期。德国的产假时间，从 1927 年的 6 周，

1992 年延长到 3 年。俄罗斯的产假时间，则从原来的 12 周，延长到现在的 4 年半。瑞典规定，在孩子满 8 岁前，父母有权享有共计 480 天的育儿假。当然，我国产假时间延长到数年，目前是不现实的，但要认真研究究竟应该且能够延长到多长时间。二是机关事业单位和企业应切实保障员工生育期间产假休假权利。这是机关事业单位和企业必须履行的法定责任和义务。全国妇联和全国人大有责任定期或不定期开展执法检查监督。三是政府通过税费减免等扶持政策补偿员工生育增加的企业成本。员工生育无疑会增加企业的用工成本，除了员工休产假、陪产假、育儿假期间的部分工资，还有社保等支出，以及因人员变动导致的工作效率损失。生育是女性对人类繁衍后代所作出的巨大贡献，生育行为的成本不应该主要由用人单位承担，更不应该由女性及其家庭主要承担，而应该主要由全社会合理分担。政府通过税费减免等扶持政策补偿员工生育增加的企业成本，这是最现实的途径。

4. 借鉴国际经验，建立和实施生育津贴和育儿津贴制度

这是降低"降低生育、养育、教育成本"的一个重要方面。为鼓励生育，许多国家都建立和实施了生育津贴、育儿津贴制度或综合性的家庭津贴等制度。尽管各个国家的津贴名目不同，但目的都是为了减轻家庭在生育、养育、教育等方面的负担。其他国家在生育津贴、儿童津贴、家庭津贴方面的做法值得借鉴和学习，但不可能照搬。中共中央、国务院《关于优化生育政策促进人口长期均衡发展的决定》明确提出，要"继续做好生育保险对参保女职工生育医疗费用、生育津贴待遇等的保障，做好城乡居

民医保参保人生育医疗费用保障，减轻生育医疗费用负担"。四川省攀枝花市和甘肃省临泽县在修订本地人口和计划生育政策文件中，就已经提出给生育家庭发放补贴金的规定。

建立和实施我国生育津贴、养育津贴或家庭津贴制度，应理顺和解决好三个问题。一是不能以生育保险取代生育津贴，也不能以建立了生育保险制度为由反对建立生育津贴制度。我国为有就业单位的女性劳动者建立了生育保险制度，没有就业、没有单位的女性则参加不了生育保险。生育保险属于社会保险范畴，其资金主要来自用人单位缴费形成的生育保险基金；生育津贴则属于社会公共福利范畴，资金主要来自国家财政。因此，两者不能互相取代，而应相互补充。二是生育津贴和养育津贴是两个独立的津贴项目，前者是对生育的父母在生育假期因为失去收入或收入减少而提供的一种社会补偿，后者是对家庭养育婴幼儿的成本提供的一种社会补偿，两者都是普惠性的社会福利。三是更好发挥这两项津贴制度的激励作用。鉴于我国尚处于社会主义初级阶段的基本国情，而制定和实施这两项津贴制度的目的是鼓励生育，因而生育津贴、育儿津贴应该向二孩，尤其是三孩倾斜。

除了建立和实施生育津贴和育儿津贴制度外，还可以根据养育未成年子女负担情况实施差异化租赁和购买房屋的优惠政策，以降低生育家庭的住房负担；持续提升普惠性幼儿园覆盖率，适当延长在园时长或提供托管服务，推动放学时间与父母下班时间衔接，平衡家庭和学校教育负担，严格规范校外培训，降低生育家庭的教育成本。

5. 个人所得税对多子女家庭实行税收减免或扣除

许多生育率低、人口老龄化严重的国家，在个人所得税设计上都对多子女家庭实行税收减免，一方面减轻了多子女家庭的经济负担，另一方面也是对多子女家庭在人口发展和种族繁衍方面作出的贡献的一种社会补偿，因而促进了社会公平。税收减免的具体方案主要有两种，一是根据家庭孩子的数量进行一定的税收抵免；二是对多子女家庭实施分等级税收制。近年来，在我国学术界甚至全国"两会"上，家庭抚养费用抵扣个税的呼声也越来越高。新近公布的个人所得税法修正案（草案）在专项附加扣除中把子女教育等支出纳入其中，显然是一大推进。中共中央、国务院《关于优化生育政策促进人口长期均衡发展的决定》提出，要"结合下一步修改个人所得税法，研究推动将3岁以下婴幼儿照护费用纳入个人所得税专项附加扣除"。

从许多国家和地区鼓励生育的政策、措施的制定和实施情况看，政策、措施实施效果通常要5~10年才能显现出来。面对我国目前生育率持续走低、人口老龄化加速的严峻现实，必须抓紧优化生育政策的顶层制度设计。

参考文献

[1]《中共中央　国务院关于优化生育政策促进人口长期均衡发展的决定》，2021年6月26日。

[2] 国家统计局：《第七次全国人口普查公报》，2021年5月11日。

[3] 宁吉喆：《第七次全国人口普查主要数据情况》，《中国统计》2021年第1期。

［4］乔晓春：《从七普数据看中国人口发展变化和现状》，《人口与发展》2021 年第 4 期。

［5］杨宜勇、赵玉峰：《积极促进我国人口长期均衡发展研究》，《江淮论坛》2021 年第 3 期。

［6］穆光宗：《优化生育与人口优化 —— 中国人口问题治理的战略取向》，《中国浦东干部学院学报》2021 年第 1 期。

思 考 题

1. 如何充分认识人口长期均衡发展的重要意义？

2. 如何准确认识我国人口变化的趋势性特征？

3. 如何正确理解我国人口政策的战略性调整？

4. 如何辩证地看待人口红利、人口老龄化、出生率过低等重大问题？

各族人民像石榴籽一样紧紧抱在一起

——正确理解民族团结进步事业的时代意义

大学生形势教育

知识要点

　　中国自古以来就是一个统一的多民族国家，各民族共同开拓了中国的辽阔疆域、共同书写了悠久的中国历史、共同创造了灿烂的中华文化、共同孕育了伟大的中华民族精神。中华民族多元一体格局、中国多民族大一统格局，是我国5000多年文明发展史遗留和传承下来的宝贵政治财富，也是我国发展进步的巨大优势。实现中华民族伟大复兴的中国梦，就要以铸牢中华民族共同体意识为主线，把民族团结进步事业作为基础性事业抓紧抓好。

　　我们辽阔的疆域是各民族共同开拓的，我们悠久的历史是各民族共同书写的，我们灿烂的文化是各民族共同创造的，我们伟大的精神是各民族共同培育的。新中国成立以来，我国民族政策形成了中国特色并取得了成功经验。在中国特色社会主义新时代，我们要全面贯彻党的民族理论和民族政策，高举中华民族大团结的旗帜，促进各民族交往交流交融，促进各民族像石榴籽一样紧紧拥抱在一起，不断增强各族群众对伟大祖国、中华民族、中华文化、中国共产党、中国特色社会主义的认同，推动中华民族走向包容性更强、凝聚力更大的命运共同体。

知识点一
不断铸牢中华民族共同体意识

中华民族是中国 56 个民族的总称，是在长期历史演进中形成的命运共同体。中华民族主要分布在中国大陆、香港特别行政区、澳门特别行政区和台湾地区。

中国历来是多民族国家，历史上多民族长期共存互动，共同创造了悠久的历史、灿烂的文化，共同铸就了中华民族 5000 多年文明史。历史上除了中原地区的汉族，东北有乌桓、鲜卑、高丽、室韦、契丹、女真等，北方有匈奴、乌孙、突厥、回纥、蒙古等，西南有氐、羌、吐谷浑、吐蕃、西南夷等，南方有武陵蛮、僚、瑶、苗、黎等。中国各民族历史上虽然不乏冲突，但最终都在不同阶段铸就了中华民族共同体。在先秦，商族起于东夷，周人起于戎狄，由夷狄而入华夏以主中原。在秦汉，秦人出于西戎而一统六国，完成了从西到东的华夏整合，汉朝设置"都护"经略西域而完成了由南往北的国家统合。在隋唐，经过魏晋南北朝以来的胡汉交融，王朝统治者一改以往"贵中华、贱夷狄"的民族歧视，以"爱之如一"的平等态度代之。宋代到清代，王朝统治者提出"皆是国人，不宜有分别""胡汉一家""华夷无间"等思想，创制一系列因地制宜、因俗而治的民族宗教法规和管理体制，奠定中华民族多元一体大格局。经过历史上长期的民族融合、民族迁徙，最终形成今日中国境内各民族，合为中华民族，今天的"中华民族"是中国境内 56 个民族的总称。

一、中华民族呈多元一体格局

中华民族呈多元一体格局，"多元"指构成中华民族的 56 个民族是多元的，"一体"指中华民族是由 56 个民族组成的统一体。著名社会学家费孝通先生最先提出中华民族多元一体格局的概念，费孝通先生整合大量的考古发现、史料记载、语言学成果、人类学研究，清晰完整地展现了中华民族多元一体格局逐步形成的历史进程。在这一进程中，地理条件、生产方式、文化交融、人口混杂、族际交往等一系列因素都发挥了极其重要的作用。中华民族多元一体格局准确概括了中国作为统一多民族国家的基本国情，中华民族所包括的五十多个民族单位是多元，中华民族是一体。多元中的统一，统一中的多元，使得中华民族的历史进程和现实格局色彩缤纷、生机勃勃，在多样性中保持强劲的凝聚力。在我国 5000 多年文明发展史上，各民族共同开发了祖国的锦绣河山、广袤疆域，共同创造了悠久的中国历史、灿烂的中华文化，共同培育了以伟大创造精神、伟大奋斗精神、伟大团结精神、伟大梦想精神为基本内涵的中华民族精神，最终形成了今天的 56 个民族守望相助、手足相亲的中华民族大家庭。特别是 1840 年鸦片战争后，我国各族人民在血与火的共同抗争中，深刻认识到中华民族是一个命运共同体，一荣俱荣、一损俱损，"中华民族"成为各民族普遍认同的概念和归属，这是中华民族共同体意识初步形成的标志。在中国共产党领导下，各民族共同缔造新中国，永远结束了"一盘散沙"、任人宰割的历史，开启了中华民族繁荣发展的新纪元，中华民族共同体意识在这一进程中实现了历史性升华并不断巩固强化。

中华民族多元一体格局是铸牢中华民族共同体意识的客观基础与结构前提。一方面，中华民族多元一体格局为铸牢中华民族共同体意识提供了客观社会基础。中华民族共同体的发展史清楚表明，每一次民族大融合都促进了国家大一统和中华文明大发展，每一次国家大一统和中华文明大发展都强化了民族共同体意识。其和谐之道在于不同区域的农耕、绿洲、山地、草原文明的交流交融，在于不同民族的政权对于先进文明的主动选择弘扬，在于中华民族多元一体格局始终具有不断完善的制度实践与体制支撑。在中华民族自立自强的历史进程中，汉族离不开少数民族、少数民族离不开汉族、各少数民族之间也相互离不开，在风雨同舟的历史长河中，中华民族实现了从自在到自觉的伟大转变，锻造了强韧的内聚力和明确的认同感，铸炼成为名副其实的民族实体。在中华民族形成与发展的整体历程中，各民族都作出了不可磨灭的贡献。历史上多个少数民族政权在军事上打败了中原王朝，却在文化上主动遵奉中华文化。这些少数民族往往并非是处于被统治地位而被迫接受中华文明，而是在处于统治者强势地位时主动选择中华文明。无论是作为"多元"的源头，还是作为"一体"的支撑，大多数少数民族在制度文明、语言文字、天文历法、文学艺术等方面都为中华文明的发展壮大作出了积极贡献。秦汉雄风、盛唐气象、康乾盛世，是各民族共同铸就的辉煌。在中华文化的百花园中，各具特色的民族文化异彩纷呈，它们都为中华文化的形成和发展作出了重要的贡献。

在音乐、舞蹈、绘画、建筑等方面，西域的乐器大大丰富了中原汉族的音乐，维吾尔族的赛乃姆，蒙古族的安代舞，藏族的囊玛，朝鲜族的长鼓舞，傣族的孔雀舞，苗族的芦笙舞等，在我国都是负有盛名。世界闻名的敦煌石窟，云冈石窟等都是汉鲜卑、吐蕃及西域人民共同创造的。闻名世界的布达拉宫和大昭寺是藏族建筑的艺术精华。元代回族建筑学家亦黑迭儿丁设计领导修筑的大都工程，为以后北京城的发展奠定了基础。

在历史文学方面，《蒙古秘史》《蒙古黄金史》《蒙古源流》好似蒙古族的三大历史著作。藏族、蒙古族、柯尔克孜族的三大英雄史诗是《格萨尔》《江格尔》《玛纳斯》，这三部史诗也是文学库中的瑰宝。少数民族还有许多丰富的民间文学，如壮族的刘三姐，彝族的阿诗玛，维吾尔族的阿凡提的故事等。

在科学技术方面，许多少数民族的科学家为祖国的发展作出了卓越的贡献。元代回族天文学家札马鲁丁编制的《万年历》曾颁行全国，他还制成了浑天仪、方位仪、斜纬仪等 7 种天文仪器。元代维吾尔族鲁明善编写的《农桑衣食撮要》是我国农业科学史上第一部系统完整的农事历书体裁的农学专著，为元代三大农书之一。17 世纪初蒙古族外科专家墨尔本·卓尔济著有《医学大全》《药剂学》，并被世人称为当代华佗。著名的云南白药是彝族医生曲焕章根据祖传秘方研制而成的神奇外科止血良药。

在法制文明发展方面，传统的中华法系和中国传统法律文化是各族人民共同缔造的成果，凝聚了各族人民的法律智慧。在当代法学家、中国政法大学终身教授张晋藩先生倡导并主持下，十多年时间里，组织法史学、民族学等相关专业数十名专家学者进行了大量的田野调查，获得丰富的一手资料，编纂出版《中国少数民族法史通览》（全 10 册）。本丛书卷帙浩繁，每一卷自成体系。十卷本分别是：第一卷（蒙古族）；第二卷（藏族）；第三卷（回族、维吾尔族）；第四卷（满族、达斡尔族、鄂温克族、鄂伦春族、赫哲族）；第五卷（壮族）；第六卷（傣族、佤族、德昂族、布朗族、景颇族、阿昌族、拉祜族、基诺族、哈尼族）；第七卷（白族、纳西族、独龙族、傈僳族、怒族、普米族）；第八卷（苗族、瑶族）；第九卷（仫佬族、毛南族、彝族、羌族等）；第十卷（侗族、海南黎族、土家族）。这套丛书全面梳理了历及现代中国少数民族的分布及对中华法制文明的贡献；系统介绍了蒙古族、藏族、回族、维吾尔族、满族、壮族等几个大的少数民族，西南地区各少数民族、西北地区各少数民族、东北地区各少数民族的法律制度、法律意识、法律习惯、法制状况，各少数民族法文化产生、发展及形成的过程。该丛书通过对各少数民族的法制历史的全面呈现，以令人信服的史料证明传统中华法系是各民族法律文化与法制经验相互交流与吸收的结果。

二、铸牢中华民族共同体意识

铸牢中华民族共同体意识是做好新时代党的民族工作的主线。党的十八大以来，中国共产党围绕铸牢中华民族共同体意识这条主线来推动马克思主义民族理论中国化的创新发展，拓展和深化了中华民族多元一体格局理论体系。习近平总书记在 2014 年中央民族工作会议上指出：多民族是我国的一大特色，也是我国发展的一大有利因素。各民族共同开发了祖国的锦绣河山、广袤疆域，共同创造了悠久的中国历史、灿烂的中华文化。我国历史演进的这个特点，造就了我国各民族在分布上的交错杂居、文化上的兼收并蓄、经济上的相互依存、情感上的相互亲近，形成了你中有我、我中有你，谁也离不开谁的多元一体格局。中华民族多元一体格局中，一体包含多元，多元组成一体，一体离不开多元，多元也离不开一体，一体是主线和方向，多元是要素和动力，两者辩证统一。一体起着维系多元的作用，是中华民族多元一体格局稳定平衡的前提所在。明确了一体作为主线和方向的地位，在很大程度上化解了"多元"与"一体"两者之间是平行对等关系的理论认识误区。

中国共产党早在成立之初，就高度重视民族工作，强调"一切夷汉平民，都是兄弟骨肉"，把少数民族解放纳入中华民族解放的全局之中，中国共产党团结带领各族人民共同缔造新中国，开创了中华民族大团结大发展的历史新纪元。从中国共产党第一次全国代表大会唯一的少数民族代表邓恩铭（水族）到韦拔群（壮族）、黄振士（黎族）、蓝飞鹤（畲族）等革命英雄；从"半条被子""彝海结盟""牦牛革命""山山金达莱、村村烈士碑"，到"八千湘女进新疆""三千孤儿入内蒙""齐心协力建包钢"；从中央访问团到全国少数民族参观团……在革命、建设和改革各个历史时期，中国共产党始终凝聚起全国各族人民共同团结奋斗的磅礴伟力，为实现中华民族独立解放、繁荣发展不懈努力，绘就了铸牢中华民族共同体意识的生动画卷。

2021年初，一部名为《山海情》的主旋律扶贫剧广受好评，圈粉无数。故事发生地——宁夏西海固和闽宁镇翻天覆地变迁的历程，正是时任福建省委副书记习近平于20世纪90年代亲自部署、亲自推动，开展东西部扶贫协作"闽宁模式"并结下丰硕成果的缩影，也是各族干部群众不断铸牢中华民族共同体意识的典范。回望过去，发生在西海固的传奇不止于此。这方土地，同样也见证了党的民族工作的非凡历史。1935—1936年，红军长征途中三过宁夏西海固回族聚居村庄——单家集，毛主席为当地宗教人士讲解党的民族政策和抗日主张，留下了著名的革命佳话"单家集夜话"。红军驻扎时，还向当地百姓传授了马铃薯粉条制作技术。从此，这种粉条就被称为"红军粉"。如今，普普通通的"红军粉"早已成为单家集各族百姓脱贫致富的支柱产业。从"单家集夜话"到"闽宁协作"，从干沙滩到金沙滩，从贫穷闭塞到全面小康，从长征精神到脱贫攻坚精神……在百年历史长河中，中国共产党团结带领全国各族人民筚路蓝缕、艰苦奋斗、开创辉煌，中华民族共同体意识得到空前增强。

在铸牢中华民族共同体意识的过程中，也必须注意到，在全球化、信息化、市场化、城市化等诸多力量冲击之下，多元与一体之间关系极易出现失衡态势。在世界百年未有之大变局的背景之下，敌对势力瓦解、分化、阻挠、破坏国家统一和主权完整的阴谋从未放弃，民族因素、宗教因素、边疆因素往往成为他们遏制中国发展的工具。铸牢中华民族共同体意识，肩负着为改革开放深化进行、民族地区经济社会发展、民族关系团结和谐、多民族国家统一安定保驾护航的伟大历史使命。铸牢中华民族共同体意识，就是要引导各族人民牢固树立休戚与共、荣辱与共、生死与共、命运与共的共同体理念。党中央提出铸牢中华民族共同体意识，恰恰是在两个大局时代背景下积极维护中华民族多元一体格局的必要之举。正如习近平总书记在2021年中央民族工作会议上所强调的，铸牢中华民族共同体意识是维护各民族根本利益的必然要求，只有铸牢中华民族共同体意识，构建起维护国家统一和民族团结的坚固思想长城，各民族共同维护好国家安全和社会稳定，才能有效抵御各种极端、分裂思想的渗透颠覆，才能不断实现各族人民对美好生活的向往，才能实现好、维护好、发展好各民族根本利益。铸牢中华民族共同体意识是实现中华民族伟大复兴的必然要求，只有铸牢中华民族共同体意识，才能有效应对实现中华民族伟大复兴过程中民族领域可能发生的风险挑战，才能为党和国家兴旺发达、长治久安提供重要思想保证。铸牢中华民族共同体意识是巩固和发展平等团结互助和谐社会主义民族关系的必然要求，只有铸牢中华民族共同体意识，才能增进各民族对中华民族的自觉认同，夯实我国民族关系发展的思想基础，推动中华民族成为认同度更高、凝聚力更强的命运共同体。

在 2019 年全国民族团结进步表彰大会上的讲话中，习近平总书记谈道："一部中国史，就是一部各民族交融汇聚成多元一体中华民族的历史，就是各民族共同缔造、发展、巩固统一的伟大祖国的历史。各民族之所以团结融合，多元之所以聚为一体，源自各民族文化上的兼收并蓄、经济上的相互依存、情感上的相互亲近，源自中华民族追求团结统一的内生动力。"这些重要论述生动而深刻地阐述了多元共创一体、一体凝聚多元的中华民族多元一体格局历史形成过程。不仅有助于从理论上正确把握中华民族多元一体格局的内涵，也有利于从实践上推进铸牢中华民族共同体意识的进程。

知识点二
全面贯彻党的民族理论和政策

　　中国共产党自成立之日起，就自觉肩负起中华民族先锋队的历史使命，提出了新民主主义革命时期解决民族问题的纲领，即对内求国内各民族之间的平等，对外求中华民族的彻底解放。新中国成立初期，"中华人民共和国各民族团结起来"的伟大号召，前所未有地激发了各民族群众的中华民族共同体意识。改革开放以来，"我国的民族关系基本上是各族劳动人民之间的关系""汉族离不开少数民族，少数民族离不开汉族，各少数民族之间也相互离不开""各民族共同团结奋斗、共同繁荣发展"等重大论断，促进了民族团结进步事业不断发展。党的十八大以来，以习近平同志为核心的党中央在民族工作领域提出了一系列新理念新思想新战略，形成了系统完整的思想理论体系，开辟了马克思主义民族理论中国化的新境界，"铸牢中华民族共同体意识"这一重大论断成为马克思主义民族理论中国化的最新成果。

一、认识新时代党加强和改进民族工作

　　新时代党关于加强和改进民族工作的重要思想，概括起来有以下方面：一是必须从中华民族伟大复兴战略高度把握新时代党的民族工作的历史方位，以实现中华民族伟大复兴为出发点和落脚点，统筹谋划和推进新时代党的民族工作。二是必须把推动各民族为全面建设社会主义现代化国家共同奋斗作为新时代党的民族工作的重要任务，促进各民族紧跟时代步伐，

共同团结奋斗、共同繁荣发展。三是必须以铸牢中华民族共同体意识为新时代党的民族工作的主线，推动各民族坚定对伟大祖国、中华民族、中华文化、中国共产党、中国特色社会主义的高度认同，不断推进中华民族共同体建设。四是必须坚持正确的中华民族历史观，增强对中华民族的认同感和自豪感。五是必须坚持各民族一律平等，保证各民族共同当家作主、参与国家事务管理，保障各族群众合法权益。六是必须高举中华民族大团结旗帜，促进各民族在中华民族大家庭中像石榴籽一样紧紧抱在一起。七是必须坚持和完善民族区域自治制度，确保党中央政令畅通，确保国家法律法规实施，支持各民族发展经济、改善民生，实现共同发展、共同富裕。八是必须构筑中华民族共有精神家园，使各民族人心归聚、精神相依，形成人心凝聚、团结奋进的强大精神纽带。九是必须促进各民族广泛交往交流交融，促进各民族在理想、信念、情感、文化上的团结统一，守望相助、手足情深。十是必须坚持依法治理民族事务，推进民族事务治理体系和治理能力现代化。十一是必须坚决维护国家主权、安全、发展利益，教育引导各民族继承和发扬爱国主义传统，自觉维护祖国统一、国家安全、社会稳定。十二是必须坚持党对民族工作的领导，提升解决民族问题、做好民族工作的能力和水平。党关于加强和改进民族工作的重要思想，是党的民族工作理论和实践的智慧结晶，是新时代党的民族工作的根本遵循，必须完整、准确、全面把握和贯彻。

二、坚持和完善民族区域自治制度

党和国家把加强民族团结作为我国处理民族关系的一项根本原则。中国共产党把马克思主义民族理论同我国统一的多民族国家的国情结合起来，创造性地探索出了解决中国民族问题的正确道路，形成了在少数民族聚居地方实行民族区域自治制度这一独特形式。

民族区域自治基本政治制度，就是在国家统一领导下，各少数民族聚居的地方实行区域自治，设立自治机关，行使自治权的制度。这一基本政治制度是中国共产党解决我国民族问题的创造性制度安排。民族区域自治制度是我国解决民族问题的基本政策，也是我国的一项基本政治制度，是中国共产党把马克思主义民族理论同我国民族实际相结合的一个创举，也是全国各族人民的共同选择。民族区域自治是在国家统一领导下的自治，各民族自治地方都是国家不可分离的部分，各民族中自治地方的自治机关都必须服从中央的领导。新中国成立以来的实践证明，实行民族区域自治符合历史的发展，也符合我国的国情，显示出其巨大的优越性。民族区域自治体现了国家的集中统一与少数民族聚居自治的结合。民族区域自治体现了国策与区情的结合。民族区域自治体现了国家富强和民族繁荣的统一。民族区域自治体现了爱民族与爱祖国的一致性。总之，实行民族区域自治，有利于巩固和发展社会主义新型民族关系，有利于密切中央和地方的关系，有利于民族地区各项事业的发展，也有利于国家的现代化建设。

我国实行民族区域自治制度，始终受到宪法和法律的有力保障。1949年，民族区域自治制度在具有临时宪法性质的《中国人民政治协商会议共同纲领》中得到确立。1954年召开的第一届全国人民代表大会，把民族区域自治制度载入了《中华人民共和国宪法》。2001年修正的《中华人民共和国民族区域自治法》，把民族区域自治制度明确规定为国家的一项基本政治制度。党的十九大把坚持和完善民族区域自治制度，上升为新时代坚持和发展中国特色社会主义的一条基本方略。党的十九届四中全会把"坚持各民族一律平等，铸牢中华民族共同体意识，实现共同团结奋斗、共同繁荣发展"作为我国国家制度和国家治理体系的一个显著优势，并且对新时代坚持和完善民族区域自治制度作出了安排部署。目前，我国共有 5 个自治区、30 个自治州、120 个自治县（旗），还有将近 1000 个民族乡作为民族区域自治的重要补充形式，我国民族区域自治制度不断丰富、完善和发展。实践充分证明，民族区域自治制度符合我国国情，在维护国家统一、领土完整，在加强民族平等团结、促进民族地区发展、增强中华民族凝聚力等方面都起到了重要作用。贯彻落实党的十九届四中全会部署，就要牢固树立制度自信，在任何时候都要坚定不移走中国特色解决民族问题的正确道路，在任何时候都要坚持并不断完善民族区域自治制度。

坚持和完善民族区域自治制度，首先，要坚持各民族一律平等，坚持各民族共同团结奋斗、共同繁荣发展，保证民族自治地方依法行使自治权，保障少数民族合法权益，巩固和发展平等团结互助和谐的社会主义民族关系。要始终坚持中国共产党的全面领导，坚持统一和自治相结合、民族因素和区域因素相结合，坚持依法治国，促进各民族和睦相处、和衷共济、和谐发展，共同实现中华民族伟大复兴。其次，要坚持民族团结，坚持不懈开展马克思主义祖国观、民族观、文化观、历史观宣传教育，坚持不断增强各民族群众对伟大祖国、中华民族、中华文化、中国共产党、中国特色社会主义的认同，打牢中华民族共同体思想基础。民族的团结是我国统一、独立、繁荣昌盛的重要保证。加强民族团结，维护国家统一是中华民族最高利益、也是各族人民共同的愿望。民族团结和民族凝聚力的增强，是衡量一个国家综合国力的标志之一，所以要全面深入持久开展民族团结进步创建，加强各民族交往交流交融。习近平总书记 2014 年 9 月 28 日在中央民族工作会议上的讲话中指出：坚持和完善民族区域自治制度，要做到"两个结合"。一是坚持统一和自治相结合。团结统一是国家最高利益，是各族人民共同利益，是实行民族区域自治的前提和基础。没有国家团结统一，就谈不上民族区域自治。同时，要在确保国家法律和政令实施的基础上，依法保障自治地方行使自治权，给予自治地方特殊支持，解决好自治地方特殊问题。二是坚持民族因素和区域因素相结合。民族区域自治，既包含了民族因素，又包含了区域因素。民族区域自治不是某个民族独享的自治，民族自治地方更不是某个民族独有的地方。这一点必须搞清楚，否则就会走到错误的方向上去。我国宪法第四条规定："各少数民族聚居的地方实行区域自治，设立自治机关，行使自治权。各民族自治地方都是中华人民共和国不可分离的部分。"我国所有民族自治地方都是中国共产党领导下的地方，都是中华人民共和国的地方，都是全国各族人民共同拥有的地方。自治区戴了某个民族的"帽子"，是要这个民族担负起维护国家统一、民族团结的更大责任。在自治地方，各民族享有平等的法律地位，共同建设各项事业，共享建设发展成果。

三、把握正确处理社会主义民族关系的基本原则

坚持各民族平等、团结和共同繁荣，是我国社会主义时期处理民族关系问题的基本原则。民族平等是指各民族在中华民族大家庭中具有平等的地位，各民族在政治、经济、文化等方面享有平等的权利和履行相同的义务。民族团结是指各民族在平等的基础上联合起来，为反对共同的敌人，实现共同目标而奋斗。新中国成立后，党把民族平等作为立国的根本原则之一，开展民族识别、建立和完善民族区域自治制度，坚决消除一切民族压迫和民族歧视，采取"请上来、派下去"等做法，迅速消除了民族隔阂，建立并巩固了平等团结互助和谐的社会主义民族关系，这是中国民族关系史上数千年未有之大变局。新中国成立70多年来，各民族在社会生活中紧密联系的广度和深度前所未有，我国大散居、小聚居、交错杂居的民族人口分布格局不断深化，呈现出大流动、大融居的新特点。目前，北京、深圳等城市56个民族成分齐全，所有县级以上行政区域均有2个以上民族居住。各民族群众共居、共学、共事、共乐，交得了知心朋友、做得了和睦邻居、结得了美满姻缘，这是我国新时代民族关系新发展的生动写照。

要保证各民族平等和团结，离不开法治的保障。依法治理民族事务是全面依法治国的重要内容，也是坚持中国特色解决民族问题正确道路的关键环节。只有坚持依法治理民族事务，坚持各民族在法律面前一律平等，依法打击破坏民族团结行为，严密防范、坚决打击各种敌对势力利用民族、宗教从事违法犯罪活动，对破坏民族团结的行为坚决制止，依法处置，切

实筑牢民族团结、社会稳定、国家统一的铜墙铁壁，民族团结才有可靠保障，民族关系才会更加稳定，中华民族共同体意识才会更加牢固。正如习近平总书记在 2021 年中央民族工作会议上所强调的，只有顺应时代变化，按照增进共同性的方向改进民族工作，做到共同性和差异性的辩证统一、民族因素和区域因素的有机结合，才能把新时代党的民族工作做好、做细、做扎实。

要保证各民族平等和团结，就要正确把握共同性和差异性的关系，增进共同性、尊重和包容差异性是民族工作的重要原则。要正确把握中华民族共同体意识和各民族意识的关系，各民族应始终把中华民族整体利益放在首位，本民族意识要服从和服务于中华民族共同体意识，同时要在实现好中华民族共同体整体利益进程中实现好各民族具体利益，大汉族主义和地方民族主义都不利于中华民族共同体建设。要正确把握中华文化和各民族文化的关系，各民族优秀传统文化都是中华文化的组成部分，中华文化是主干，各民族文化是枝叶，根深干壮才能枝繁叶茂。

知识点三
发展是民族团结进步的重要保障

实现各民族共同繁荣是党的民族政策的根本立场，也是社会主义社会的本质要求。物质决定意识，经济基础决定上层建筑。党始终高度重视民族地区经济社会发展，把发展作为解决民族地区各种问题的总钥匙，在推动民族地区发展中铸牢中华民族共同体意识。加快少数民族和民族地区发展，是党的根本宗旨和社会主义本质要求在民族工作上的体现，也是维护团结统一、铸牢中华民族共同体意识的必然要求。2020 年全国两会期间，习近平总书记参加内蒙古代表团审议时强调，党团结带领人民进行革命、建设、改革，根本目的就是为了让人民过上好日子，中华民族是一个大家庭，一家人都要过上好日子。只有进一步加快少数民族和民族地区发展，确保同全国一道实现全面小康和现代化，才能不断夯实中华民族共同体的物质基础。

一、社会主义制度的确立为我国各民族地区大发展提供了政治基础

新中国成立前，我国少数民族聚居地区经济大多分别处于封建制经济、奴隶制经济和原始公社经济等形态，政治则保存着盟旗、僧侣贵族专政、家支、伯克、原始民主等制度。落后的政治经济制度形态使绝大多数少数民族同胞深受剥削压迫之苦，是少数民族生产落后、生活贫苦的总根源。新中国成立后，党在民族地区慎重稳进开展民主改革和社会主义改造，各族人民当家做了主人，共同走上社会主义道路。以西藏为例，据 1959 年民主改革前统计，西藏 99.7% 的土地被官家、寺院和上层僧侣、贵族占有。封建领主以野蛮残酷的刑罚维护封建农奴制度，自备刑具，私设公堂，有割舌、割鼻、戴石帽、剁手足、剜眼、抽筋、剥皮、投水甚至投入蝎子洞等几十种酷刑。西藏民主改革废除了黑暗的农奴制度，建立起全新的社会制度，百万农奴第一次以主人翁的姿态登上历史舞台，成为新西藏的主人。在中国共产党领导下，经过各族人民艰苦奋斗，西藏发生翻

天覆地的历史巨变，成为各族人民共享的幸福家园。2019年，西藏人均预期寿命从1959年的35.5岁提高到70.6岁，增长近一倍。2019年，西藏全区生产总值达1650亿元，按可比价格计算，比1959年的1.74亿元增长近200倍，特别是全部74个县区均实现脱贫摘帽，彻底告别贫穷落后的历史。

新中国成立前，民族地区社会生产力水平极度低下，没有现代工业，经济社会发展相当落后。当时，新疆没有一寸铁路，西藏没有一条公路，云南山区的一些少数民族出行或运输靠赶马帮、乘大象、架溜索，有的民族由于恶劣的生产生活条件甚至濒临灭绝。新中国成立初期，党中央就把帮助少数民族和民族地区加快发展，作为一项基本政策，通过发放救济粮、救济款和生产工具，开展民族贸易，诚心诚意帮助解决生产生活上的困难。毛泽东同志曾指出，让各族人民摆脱目前的困境，使他们的生活一天天好起来，是我们共产党人的任务。周恩来同志也曾说过，建设社会主义工业化的国家，是任何民族都不能例外的。我们不能设想，只有汉族地区工业高度发展，让西藏长期落后下去，让维吾尔自治区长期落后下去，让内蒙古牧区长期落后下去，这样就不是社会主义国家了。新中国成立之初，党和国家在百废待兴的情况下，优先在民族地区安排资源开发和深加工等重大项目，重点扶持民族地区建设一批对带动当地发展起重大作用的基础设施项目，推出许多优惠政策，支持民族地区建立现代工业体系、保障和改善各族群众生产生活，不断加快发展步伐。比如，"一五"计划156个大型重点项目中的40个建在民族地区，8条新建铁路干线中的5条建在民族地区或直接与民族地区相连。随着内蒙古包头钢铁基地、新疆克拉玛依油田等一批国家级大型项目落成投产，以及兰新、宝成等铁路建成通车，许多民族地区封闭落后的面貌得到彻底改变。1958 年宁夏回族自治区成立后，在党中央的亲切关怀和党的民族政策的光辉照耀下，宁夏各民族共同建设美好家园，开启了"划区自治兴宁夏""于今团结史无先"的新纪元，全国各地 20 多万知识青年支援宁夏，"三线建设"填补了宁夏的工业空白，为宁夏社会主义建设事业奠定了坚实的物质基础。20 世纪 50 年代末，内蒙古包头钢铁厂建设遇到了设备和建设材料供应不足的难题。全国各地迅速掀起支援包钢建设的热潮，来自 22 个省 55 个市 300 多家企业的设备和材料源源不断运到建设工地，包钢很快提前建成投产，结束了内蒙古不产寸铁的历史。近年来，中央召开了民族、宗教、统战、新疆、西藏、扶贫开发、对口支援、东西部扶贫协作、支持深度贫困地区脱贫攻坚等多个重要会议，均对民族地区脱贫奔小康作出重要决策部署，为加快民族地区脱贫奔小康步伐注入了源源不断的政策红利。

二、改革开放书写了我国民族地区发展的"春天的故事"

党的十一届三中全会后，党和国家的工作重心转到经济建设，少数民族和民族地区发展也迎来了"春天的故事"。

邓小平同志强调，要加速现代化建设，促进各民族共同繁荣。在两个大局战略构想下，西部地区发挥资源富集的优势，向东部地区输出大量能源、原材料和劳动力，为中国经济的腾飞作出了不可磨灭的贡献。与此同时，国家开展东中部发达地区对西部民族地区对口支援、中央国家机关定点帮扶，将绝大多数民族地区贫困县纳入国家扶贫攻坚计划，不断加大扶持力度。

党的十三届四中全会以后，江泽民同志指出，在新的历史时期，搞好民族工作，增强民族团结的核心问题，就是要积极创造条件，加快发展少数民族和民族地区的经济文化等各项事业，促进各民族的共同繁荣。世纪之交，党中央作出实施西部大开发的重大决策，一个重要任务就是支持民族地区加快发展。

党的十六大以后，胡锦涛同志强调，各民族共同团结奋斗、共同繁荣发展是新世纪新阶段民族工作的主题。党和国家制定实施加快少数民族和民族地区经济社会发展、扶持人口较少民族发展、兴边富民行动等中央文件和专项规划，同时还分别为民族八省区量身制定了支持加快发展的政策文件。改革开放以来，民族地区特色优势产业不断壮大，基础设施建设显著加强，城乡居民收入稳步增长，开放合作深入推进，呈现快速发展的良好态势。改革开放后，国家开展大规模扶贫开发，也是从少数民族聚居地区等区域开始的。福建宁德赤溪村，就被称作"中国扶贫第一村"。1988—1990年，习近平同志在宁德工作时，高度重视包括畲族群众在内的闽东人民脱贫致富，提出一系列富有创见的理念、观点和方法，后来集结成《摆脱贫困》一书出版，对当地脱贫发展产生深远影响。

三、中国特色社会主义新时代再创我国民族地区发展的新辉煌

进入新时代，我国社会主要矛盾发生历史性变化，对解决好发展不平衡

不充分问题提出了新要求，为民族地区加快发展提供了新机遇。习近平总书记多次深入民族地区调研，提出"全面建成小康社会，一个民族都不能少"和"精准脱贫"理念，强调针对特定地区、特殊问题、特别事项制定实施好差别化的区域政策，不断加快民族地区全面建成小康社会进程。比如，"十三五"规划纲要把"推动民族地区健康发展"单列成节，提出"民族地区奔小康行动"，同时国家在大幅压缩专项规划的情况下，出台促进民族地区和人口较少民族发展规划、兴边富民行动两个专项规划，还制定《关于深入推进兴边富民行动的意见》。再如，"一带一路"建设对民族八省区均作出重要定位，推动民族地区从以往的"神经末梢"一跃成为开发开放的前沿热土。

党的十八大以来，以习近平同志为核心的党中央创造性提出精准扶贫、精准脱贫基本方略，团结带领各族人民全面打响脱贫攻坚战，创造了人类反贫困史上的奇迹。特别是党中央将民族地区作为脱贫攻坚的主战场，7年来召开的7次扶贫工作会议中有5次在西部地区、民族地区召开，出台东西部扶贫协作、支持深度贫困地区脱贫攻坚等意见，帮扶力度之大、效果之好前所未有。

2013—2019年，民族八省区地区生产总值、城乡人均收入等增速均高于全国平均水平，累计减贫超过3000万人，贫困发生率由20.8%下降到0.79%。基诺族、德昂族、独龙族等人口较少民族，继70年前一跃跨千年进入社会主义社会后，今天又和全国一道实现了整族脱贫。独龙族是我国28个人口较少民族之一，主要聚居在云南省贡山独龙族怒族自治县独龙江乡，新中国成立前，还处在原始社会状态，过着刀耕火种的生活。70

年来，独龙族实现了两次历史性跨越：第一次跨越是新中国成立初期，从原始社会直接过渡到社会主义社会，结束世世代代被称为"野人"的历史，成为中华民族大家庭的平等一员；第二次跨越是进入新时代，在党和国家大力支持下，独龙江乡6个行政村整体脱贫，独龙族实现整族脱贫。这两次跨越在人类与贫困斗争的历史上书写了浓墨重彩的一笔，使独龙江成为我国脱贫攻坚、民族团结进步事业创新推进的一个标志、一种象征，也是党坚持以人民为中心发展理念、在民族领域坚持"人民至上"，切实尊重和保障人权的生动写照。当前，各族群众的获得感幸福感安全感显著增强，民族地区已经步入发展质量效益更高、群众得到实惠更多的时期，充分体现了中国特色社会主义制度的巨大优越性、中华民族大家庭的团结温暖。

在党中央坚强领导下，经过多年持续努力，我国民族自治地方420个国家级贫困县全部脱贫摘帽，民族八省区3121万建档立卡贫困人口全部脱贫，民族地区脱贫奔小康取得辉煌成就，交出了一份人民满意、世界瞩目、可以载入史册的答卷。据统计，"十三五"期间，国家累计向民族八省区下达民族地区转移支付3800多亿元、均衡性转移支付20000多亿元，有力支持了民族地区改革发展。以交通、通信基础设施建设为例，截至2019年底，民族八省区公路网总里程达122万千米，高速公路通车里程达3.6万千米，二级及以上公路里程达14.2万千米，路网等级结构进一步优化；截至2020年7月，5个自治区行政村通光纤、通4G比例均超过98%，自治县实现光纤、4G网络全通，自治州全部建成"光网城市"。"十三五"促进民族地区和人口较少民族发展规划、兴边富民行动规划取得了显著实效，为民族地区、边境地区同全国一道全面建成小康社会发挥了重要作用。"大网电"点亮了帕米尔高原上的峡谷村庄，5G 网络信号覆盖到了云南独龙江乡大山深处，曾靠神灵驱赶疫病的鄂伦春族，早已走出"高寒禁区"，实现看病不愁。从狩猎捕鱼、刀耕火种，到特色产业遍地开花、大步迈向小康社会，这翻天覆地的历史性巨变是民族地区脱贫奔小康的生动缩影。这些历史性成就，充分体现了习近平新时代中国特色社会主义思想的真理力量，充分体现了中国特色解决民族问题正确道路的显著优势，充分体现了中华民族大家庭的团结温暖，充分体现了我国尊重和保障人权的历史性进步。

新中国成立以来，在党中央的坚强领导下，全国各族人民艰苦创业、团结拼搏、砥砺奋斗，把封闭落后、一穷二白、民不聊生的旧中国变成了开放进步、美丽富饶、团结和谐的新中国，民族地区面貌发生了历史性巨变，各民族地区也呈现出一片生机勃勃，欣欣向荣的新气象。新时代出台支持民族地区发展的政策措施密度之高、力度之大前所未有，极大地帮助民族地区融入全国统一大市场和经济大循环，步入发展质量更高、群众得实惠更多的历史时期。70 多年沧海桑田、波澜壮阔，少数民族的面貌、民族地区的面貌、民族关系的面貌、中华民族的面貌都发生了翻天覆地的历史性巨变。各族人民在党的领导下，万众一心、百折不挠、攻坚克难、勇于胜利，党和国家的各项事业特别是民族团结进步事业取得辉煌成就，必将增强各族人民共建美好家园、共创美好未来的信心和决心。改革发展的成果彰显了中华民族共同体的伟大力量，以改善民生凝聚人心，对于维护统一、反对分裂具有重要意义，让中华民族共同体更加牢不可破。

当前，我们已经实现第一个百年奋斗目标，正意气风发向着第二个百年奋斗目标迈进。处在这样的历史阶段，一方面，中华民族伟大复兴展现出前所未有的光明前景，民族地区与全国一道全面建成小康社会，历史性解决了贫困问题，各族人民自信心自豪感空前激发，凝聚力向心力极大增强，呈现出中华民族一家亲、同心共筑中国梦的良好局面。另一方面，民族复兴道路上还面临着一系列挑战，民族地区发展不平衡不充分问题仍然相对突出，影响各民族交往交流交融的因素仍然复杂多样，民族领域意识形态斗争仍然尖锐复杂，国际势力干扰破坏我国民族团结的风险不容小觑。我们必须科学定位民族地区在全面现代化进程中的使命任务，完善差别化区域支持政策，支持民族地区全面深化改革开放，提升自我发展能力。

在 2019 年全国民族团结进步表彰大会上，习近平总书记指出，要谋划好"十四五"时期少数民族和民族地区发展，让各族人民共创美好未来、共享中华民族新的光荣和梦想。这一重要论述，充分体现了以习近平同志为核心的党中央对少数民族和民族地区的亲切关怀，为推动"十四五"时期少数民族和民族地区高质量发展指明了方向。

党的十九届五中全会通过的《中共中央关于制定国民经济和社会发展第十四个五年规划和二○三五年远景目标的建议》，把"中华民族凝聚力进一步增强"列入"十四五"时期经济社会发展主要目标，对铸牢中华民族共同体意识进行了战略性部署，谋划"十四五"时期少数民族和民族地区发展如何贯彻新发展理念，融入新发展格局，切实提升民族地区经济社会发展质量和效益，不断增强各族群众的获得感、幸福感、安全感。推动民族地区找准把握新发展阶段、贯彻新发展理念、融入新发展格局、实现高质量发展、促进共同富裕的切入点和发力点，优化经济社会发展和生态文明建设整体布局。支持民族地区实现巩固脱贫攻坚成果同乡村振兴有效衔接。完善沿边开发开放政策体系，深入推进固边兴边富民行动，努力实现边境繁荣发展、边民团结幸福、边防安全稳固。同时要顺应各民族大流动大融居的趋势，有序推进民族地区和东中部地区各族群众跨区域双向流动。立足不同民族、不同地区的实际，统筹城乡建设布局规划和公共服务资源配置，积极营造各民族共居共学、共事共乐的社会条件，促进各民族交往交流交融。

参考 文献

[1]《习近平新时代中国特色社会主义思想学习问答》，学习出版社、人民出版社 2021 年版。

[2]《习近平在青海考察时强调　坚持以人民为中心深化改革开放深入推进青藏高原生态保护和高质量发展》，《人民日报》2021 年 6 月 10 日。

[3]《习近平：以铸牢中华民族共同体意识为主线　推动新时代党的民族工作高质量发展》，中华人民共和国国家民族事务委员会网站，https://www.neac.gov.cn/seac/c103253/202108/1152266.shtml。

1. 为什么说中华民族多元一体格局是我国基本国情的集中体现，是中华民族共同体意识的客观基础？

2. 坚持和完善民族区域自治制度，要做到的"两个结合"是什么？

3. 新中国成立以来，少数民族和民族地区发生了怎样的变化？

专题六

共同应对全球环境治理的新挑战

——深刻理解构建人与自然生命共同体的重大意义

知识要点

　　人类进入工业文明时代以来，在创造巨大物质财富的同时，也加速了对自然资源的攫取，打破了地球生态系统平衡。面对生态环境挑战，国际社会只有携手合作、并肩同行。

知识点一
人类气候和生态环境变化正进入新的十字路口

　　近年来，气候变化、荒漠化加剧、极端气候事件频发，给人类生存和发展带来严峻挑战。

一、气候变化既有自然因素，也有人为因素

　　气候变化既有自然因素，也有人为因素。工业革命特别是发达国家工业化，化石燃料燃烧、毁林、土地利用变化等人类活动导致大气温室气体浓度大幅增加，温室效应增强，引起全球气候变暖。据美国橡树岭实验室研究报告，自 1750 年以来，全球累计排放了 1 万多亿吨二氧化碳，其中发达国家排放约占 80%。气候变化导致灾害性气候事件频发，冰川和积雪融化加速，水资源分布失衡，生物多样性受到威胁。气候变化所引起的海平面上升，导致沿海地区遭受洪涝、风暴等自然灾害的影响更为严重，小岛屿国家和沿海低洼地带面临被淹没的威胁。气候变化同时对农、林、牧、渔

等经济社会活动也会产生不利影响，加剧疾病传播，威胁社会经济发展和人民群众身体健康。比如，1995 年芝加哥热浪引起 500 多人死亡。2005 年出现的卡特里娜飓风，造成的损失总额达 474.24 亿美元。2021 年 12 月美国发生的龙卷风灾难，一夜之间席卷美国 6 大洲，造成 88 人死亡，2500 万人生活受到影响，国内多处被夷为平地。据气候变化专门委员会报告，如果温度升高超过 2.5℃，全球所有区域都可能遭受不利影响，发展中国家所受损失尤为严重；如果升温 4℃，则可能对全球生态系统带来不可逆的损害，造成全球经济重大损失。

二、荒漠化威胁人类生存

荒漠化威胁食物生产、影响生物多样性、影响政治稳定、导致移民等，又引发和加重了贫困。联合国环境规划署估计，荒漠化在 110 多个国家直接影响 2.5 亿人的生活。受威胁的干旱土地，覆盖了 40% 的陆地面积，涉及约 20 亿人，既包括发达国家，也包括发展中国家，如南部非洲、中东、俄罗斯南部、澳大利亚、美国、墨西哥、巴西北部、南美西部，甚至冰岛等。荒漠化影响了 16% 的全球农业土地，中美洲 75%、非洲 20% 和亚洲 11% 的农地严重退化。因为荒漠化，全球每年农作物损失估计为 420 亿美元，主要在亚非的发展中国家。中国每年因荒漠化损失 65 亿美元，非洲撒哈拉地区因为荒漠化导致其农村的国内生产总值损失 3%。

三、生物多样性面临严重威胁

生物多样性是人类赖以生存和发展的基础，是地球生命共同体的血脉和根基。它为人类提供了丰富多样的生产生活必需品、健康安全的生态环境和独特别致的景观文化。随着人口增长和人类经济活动的扩张，生物多样性正面临严重威胁。

从全球看，2019 年 5 月生物多样性和生态系统服务政府间科学政策平台（IPBES）发布的《生物多样性和生态系统服务全球评估报告》指出，人类活动改变了 75% 的陆地表面，影响了 66% 的海洋环境，超过 85% 的湿地已经丧失，25% 的物种正在遭受灭绝威胁，近 1/5 地球表面面临动植物入侵风险。2020 年 1 月，世界经济论坛（WEF）发布的《2020 年全球风险报告》指出，生物多样性丧失是未来 10 年全球第四大危机。2020 年以来，全球自然灾害频发，澳大利亚山火、美国西部山火持续肆虐，东非国家遭受几十年来最严重的蝗灾，新冠肺炎疫情全球蔓延。这些都不断警示人类，必须深刻反思人与自然的关系，加强生物多样性保护，切实维护全球生态、生物安全和可持续发展。

从国内看，中国是世界上生物多样性最丰富的国家之一，同时也是生物多样性受威胁最严重的国家之一。《中国生物多样性红色名录》评估的 34450 种高等植物中，受威胁物种共计 3767 种，占比 10.9%；4357 种脊椎动物中，受威胁物种共计 932 种，占比 21.4%，其中两栖动物受威胁比例高达 43.1%。加强生物多样性保护迫在眉睫。

四、重大生态环境污染事件频发

气候变化和生态环境恶化，也引发重大生态环境污染事件频发，由此酿成众多祸及人类的悲剧。20 世纪发生的"全球重大生态环境污染事件"，比如，比利时马斯河谷烟雾事件、日本水俣病事件、库巴唐"死亡谷"事件、印度博帕尔毒气泄漏事件、切尔诺贝利核泄漏事件、莱茵河污染事件等，涉及大气污染、水污染、核泄漏、固体废弃物污染等多个领域，给人类的生产生活造成了极为恶劣的影响，人类在享受工业文明带来的丰裕物质成果时，也不得不忍受日益恶劣的生态环境，呼吸有毒的空气、饮用不清洁的水、食用被污染的农产品。

恩格斯明确指出："我们不要过分陶醉于我们对自然界的胜利。对于每一次这样的胜利，自然界都报复了我们。"自然是人类生存之本、发展之基。自然界先于人类而存在，反映了自然界不依赖于人类而具有内在创造力，它创造了地球上适合于生命生存的环境和条件，创造了各种生物物种以及整个生态系统。推进人与自然和谐共生是一项复杂的系统工程。当人与自然和谐相处，自觉保护生态环境，能动地适应、有效地利用、合理地改造自然时，得到的往往是大自然的加倍回报和恩惠；当人们破坏性、盲目性、掠夺性地向自然索取资源时，得到的往往是无情的惩罚和报应。这是处理人与自然关系和谐的基本要义。

知识点二
我国为构建人与自然生命共同体付出艰巨努力

中华文明历来崇尚天人合一、道法自然，追求人与自然和谐共生。新中国建立以来，特别是改革开放以来，中国政府深刻把握我国生态文明建设及生态环境保护形势，立足满足人民日益增长的美好生活需要，着眼美丽中国建设目标，着眼人类长期可持续发展，着力开展环境治理，改善环境质量。

一、社会主义革命和建设时期，环境治理、环境保护开始起步

早在改革开放之前，我国在国家层面就开始关注环境污染有关问题。周恩来总理曾多次指示国家有关部门和地区切实采取措施防治环境污染。20 世纪 50 年代，北京的官厅水库、密云水库、怀柔水库及十三陵水库等陆续建成，极大地改善了北京的水资源和生态环境。进入 70 年代，由于工业的迅猛发展，北京的烟囱林立，废水、废气、废渣（简称"三废"）污染严重。当时还处于"文化大革命"中，"环境污染""环境保护"还都是新鲜概念，在极左路线影响下，人们认为社会主义制度不可能存在污染，"谁要说有污染，有公害，谁就是给社会主义抹黑。"周恩来总理则清醒地认识到环境问题的严重性、紧迫性，一再提出"环保问题一定要有个人管起来"。他对北京地区环境保护工作先后作了十几次具体指示，反复叮嘱大家，"要为后代着想""要把首都搞成一个清洁的城市"。在周恩来的关怀下，北京的环保事业在全国率先起步。1971 年，时任中共北京市委常委、市革委会工交城建组副组长的万里主持召开北京市环境保护工作会议，决定开展 9 个水系的水源保护和全市的消烟除尘工作。同年，北京市环境保护局的前身——北京市"三废"治理办公室成立，北京市环境保护科学研究所等监测机构也相继建成。

1972 年 3 月，北京发生官厅水库水污染事件。周恩来总理立即指示要查清事件的原因、污染源，并商讨应对措施，并且决定成立官厅水库水源

保护领导小组，开始了中国第一个水域污染的治理。接着又批准召开防治大连、上海等主要港口和松花江、黄河、长江、珠江、渤海、东海等水域污染会议。针对"三废"污染问题，周恩来指出，我们是社会主义国家，是为人民服务的，搞工业建设的同时就应解决工业污染这个问题，绝不能做贻害子孙后代的事。

1972年6月，中国代表团应邀参加联合国在瑞典斯德哥尔摩召开的第一届"联合国人类环境会议"，临行前，周恩来总理指示出席会议的代表团，要通过这次会议，了解世界环境状况和各国环境问题对经济、社会发展的重要影响，并以此作为镜子，认识中国的环境问题。

1973年8月5日至20日，第一次全国环境保护会议在北京召开，会议交流了环境保护工作的经验，制订了环境保护工作的方针和政策，审议通过了"全面规划、合理布局、综合利用、化害为利、依靠群众、大家动手、保护环境、造福人民"的环境保护32字工作方针和我国第一个环境保护文件《关于保护和改善环境的若干规定（试行草案）》。会后，从中央到各地区、各有关部门，都相继建立起环境保护机构，并制订各种规章制度，加强了对环境的管理。对某些污染严重的工矿区、城市和江河进行了初步的治理，环境科学研究和环境教育也蓬勃发展起来。1974年10月25日，国务院环境保护领导小组正式成立。

二、改革开放和社会主义现代化建设时期，我国环境治理的理念体制机制逐步完善

党的十一届三中全会以后，我国工作中心逐渐转移到经济建设上，中国

政府从人口资源环境协调发展的战略高度，提出要高度重视环境保护，绝不走先建设、后治理的弯路，在建设的同时就注意环境质量，注重解决环境污染问题。1978 年 12 月 31 日，党中央批转了《环境保护工作汇报要点》，明确指出消除污染、保护环境是实现四个现代化的重要组成部分。1982 年 3 月，组建城乡建设环境保护部，内设环境保护局。

1983 年 12 月 31 日—1984 年 1 月 7 日，我国召开第二次全国环境保护会议，环境保护被确立为基本国策，制订了具有中国特色的经济建设、城乡建设和环境建设同步规划、同步实施、同步发展，实现经济效益、社会效益、环境效益相统一的指导方针，实行"预防为主，防治结合""谁污染，谁治理"和"强化环境管理"三大政策。1984 年 5 月，国务院做出《关于加强环境保护工作的决定》，为加强部门协调，决定成立国务院环境保护委员会。12 月，城乡建设环境保护部下属的环境保护局改为国家环境保护局，作为国务院环境保护委员会的办事机构，负责全国环保的规划、协调、监督。

1989 年 4 月底至 5 月初召开第三次全国环境保护会议，提出要加强制度建设，深化环境监管，向环境污染宣战，促进经济与环境协调发展。会议提出的"三大环境政策"和"八项管理规定"，构建了我国环境管理的政策制度框架体系。

党的十三届四中全会以后，在确立社会主义市场经济为我国经济体制改革目标的背景下，根据我国国情，把可持续发展确立为国家战略。可持续发展是 1987 年世界环境与发展委员会在《我们共同的未来》的报告中提出的新发展观。1992 年我国参加了联合国环境与发展大会，会后制定了

《中国环境与发展十大对策》并在 1994 年组织编制了《中国 21 世纪议程》。1992 年后，我国掀起新一轮经济发展的热潮，但与此同时也带来了严重的环境污染和生态破坏问题。有鉴于此，我国启动历史上首个大规模污染治理行动，即"33211"重大污染治理工程。1995 年，明确提出"一控双达标"目标。同时，全国开始实施退耕还林等六大生态建设重点工程。1998 年，原国家环境保护局提升为正部级的国家环境保护总局。

党的十六大提出，把推动整个社会走上生产发展、生活富裕、生态良好的文明发展道路作为全面建设小康社会的四大目标之一，2003 年，党的十六届三中全会提出全面、协调、可持续的科学发展观。2006 年，党的十六届六中全会提出构建和谐社会、建设资源节约型和环境友好型社会的目标。"十一五"时期，国家深入贯彻落实科学发展观，转变经济发展方式，提出大力发展循环经济等政策。围绕实现"十一五"规划纲要确定的主要污染物排放总量控制目标，把防治污染作为重中之重，加快结构调整。2008 年国家部委改制时，国家环境保护总局升格为国家环境保护部，成为国务院的组成部门。

三、中国特色社会主义新时代时期，我国生态环境保护发生了历史性、转折性、全局性变化

党的十八大以来，以习近平同志为核心的党中央高度重视生态文明建设。党的十八大将生态文明建设纳入"五位一体"中国特色社会主义总体布局。2015 年 4 月，中共中央国务院印发《关于加快推进生态文明建设的意见》，强调生态文明建设关系人民福祉，关乎民族未来，事关"两个一百

年"奋斗目标和中华民族伟大复兴中国梦的实现，要牢固树立尊重自然、顺应自然、保护自然的理念，坚持绿水青山就是金山银山，深入持久地推进生态文明建设，加快形成人与自然和谐发展的现代化建设新格局，开创社会主义生态文明新时代。9月，发布《生态文明体制改革总体方案》，强调坚持节约资源和保护环境基本国策，坚持节约优先、保护优先、自然恢复为主方针，立足我国社会主义初级阶段的基本国情和新的阶段性特征，以建设美丽中国为目标，以正确处理人与自然关系为核心，以解决生态环境领域突出问题为导向，保障国家生态安全，改善环境质量，提高资源利用效率，推动形成人与自然和谐发展的现代化建设新格局。党的十九大把建设美丽中国作为社会主义现代化强国目标之一。2018年3月11日，"生态文明"写入宪法；3月17日审议通过国务院机构改革方案，组建新的生态环境部。2018年5月，召开全国生态环境保护大会，会上正式确立了习近平生态文明思想，发布实施大气、水、土壤污染防治三大行动计划，全面开展蓝天、碧水、净土保卫战。与此同时，我国在制定修订环境保护法、环境保护税法以及大气、水、土壤污染防治法等法律，立法力度之大、执法尺度之严、成效之显著前所未有。经过持续努力，我国生态环境保护发生了历史性、转折性、全局性变化，开创了生态文明建设和环境保护新局面。

国土空间开发保护格局得到优化，生产生活方式绿色转型成效显著，能源资源配置更加合理、利用效率大幅提高，主要污染物排放总量持续减少，生态环境持续改善，生态安全屏障更加牢固，城乡居民环境明显改善。

（1）单位国内生产总值水资源消耗2018年比2015年下降29.8%。

（2）与 2015 年相比，2019 年全国地表水优良水质断面比例上升 8.9 个百分点，劣五类断面比例下降 6.3 个百分点。

（3）细颗粒物未达标地级及以上城市年均浓度下降 23.1%，全国 337 个地级及以上城市年均优良天数比例达到 82%。

（4）地级及以上城市建成区黑臭水体消除比例达 86.7%。

（5）沙化土地面积由长期扩大转向持续缩小、森林面积和森林蓄积量由长期下降转向逐步上升，水土流失面积强度"双下降"，江河湖泊生态明显向好。

（6）2012 年至 2018 年，完成防沙治沙 13.10 万平方千米，全国沙化土地面积由 20 世纪末年均扩展 0.34 万平方千米转到年均减少 0.20 万平方千米。

（7）森林面积、森林蓄积量分别由 207.69 万平方千米、151.37 亿立方米提高到 220.45 万平方千米、175.6 亿立方米。

（8）全国水土流失面积减少 21.23 万平方千米。

知识点三
凝聚全球合力，构建地球生命共同体

　　生态环境问题是全球面临的共同挑战，任何国家都不可能独善其身，也不可能有能力单独进行有效治理。因此，需要凝聚全球合力，加强生态保护和环境治理。作为全球生态文明建设的参与者、贡献者、引领者，中国坚定践行多边主义，努力推动构建公平合理、合作共赢的全球环境治理体系。

2020 年 11 月 22 日，习近平主席在二十国集团领导人利雅得峰会"守护地球"主题边会上致辞指出：地球是我们的共同家园。我们要秉持人类命运共同体理念，携手应对气候环境领域挑战，守护好这颗蓝色星球。12 月 12 日，习近平主席在气候雄心峰会上发表继往开来，开启全球应对气候变化新征程的重要讲话，强调地球是人类共同的、唯一的家园。国际社会应继往开来、并肩前行，助力《巴黎协定》行稳致远，开启全球应对气候变化新征程！

2021 年 4 月 22 日，习近平主席在"领导人气候峰会"上发表共同构建人与自然生命共同体的讲话，强调面对全球环境治理前所未有的困难，国际社会要以前所未有的雄心和行动，勇于担当，勠力同心，共同构建人与自然生命共同体。10 月 12 日，习近平主席在联合国《生物多样性公约》第十五次缔约方大会（COP15）领导人峰会上发表主旨讲话，号召国际社会要加强合作，心往一处想、劲往一处使，共建地球生命共同体。

一、中国为构建地球命运共同体提出了"中国理念"

习近平主席强调，要坚持人与自然和谐共生，"万物各得其和以生，各得其养以成"。大自然是包括人在内一切生物的摇篮，是人类赖以生存发展的基本条件。大自然孕育抚养了人类，人类应该以自然为根，尊重自然、顺应自然、保护自然。不尊重自然，违背自然规律，只会遭到自然报复。自然遭到系统性破坏，人类生存发展就成了无源之水、无本之木。我们要像保护眼睛一样保护自然和生态环境，推动形成人与自然和谐共生新格局，构建人与自然和谐共生的地球家园。

要坚持以人为本。生态环境关系各国人民的福祉,我们必须充分考虑各国人民对美好生活的向往、对优良环境的期待、对子孙后代的责任,探索保护环境和发展经济、创造就业、消除贫困的协同增效,在绿色转型过程中努力实现社会公平正义,增加各国人民获得感、幸福感、安全感。

二、中国为构建地球命运共同体提出了"中国方案"

习近平主席强调,要坚持绿色发展。绿水青山就是金山银山。良好生态环境既是自然资源,也是经济财富。保护生态环境就是保护生产力,改善生态环境就是发展生产力,这是朴素的真理。要摒弃损害甚至破坏生态环境的发展模式,摒弃以牺牲环境换取一时发展的短视做法。要顺应当代科技革命和产业变革大方向,抓住绿色转型带来的巨大发展机遇,加快绿色发展方式,以创新为驱动,大力推进经济、能源、产业结构转型升级,建立绿色低碳循环经济体系,把生态优势转化为发展优势,让良好生态环境成为全球经济社会可持续发展的支撑,促进经济发展和环境保护双赢,构建经济与环境协同共进的地球家园。

要坚持系统治理。山水林田湖草沙是不可分割的生态系统。保护生态环境,不能头痛医头、脚痛医脚。要按照生态系统的内在规律,统筹考虑自然生态各要素,从而达到增强生态系统循环能力、维护生态平衡的目标。

要坚持多边主义。坚持以国际法为基础、以公平正义为要旨、以有效行动为导向,维护以联合国为核心的国际体系,遵循《联合国气候变化框架公约》及其《巴黎协定》的目标和原则,努力落实 2030 年可持续发展议程;

强化自身行动，深化伙伴关系，提升合作水平，在实现全球碳中和新征程中互学互鉴、互利共赢。要携手合作，不要相互指责；要持之以恒，不要朝令夕改；要重信守诺，不要言而无信。

要坚持共同但有区别的责任原则。由于工业化过程中发达国家和发展中国家的"贡献"不同，因此，责任是"共同"的其实是有"区别"的。共同但有区别的责任原则是全球气候治理的基石。各国根据国情和能力，最大程度强化行动。发展中国家面临抗击疫情、发展经济、应对气候变化等多重挑战。要充分肯定发展中国家应对气候变化所作贡献，照顾其特殊困难和关切。发达国家应该展现更大雄心和行动，同时切实帮助发展中国家提高应对气候变化的能力和韧性，为发展中国家提供资金、技术、能力建设等方面支持，避免设置绿色贸易壁垒，帮助他们加速绿色低碳转型。

三、中国为构建地球命运共同体强化"中国担当"

2020年，中国正式宣布将力争2030年前实现碳达峰、2060年前实现碳中和。到2030年，中国单位国内生产总值二氧化碳排放将比2005年下降65%以上，非化石能源占一次能源消费比重将达到25%左右，森林蓄积量将比2005年增加60亿立方米，风电、太阳能发电总装机容量将达到12亿千瓦以上。这是中国基于推动构建人类命运共同体的责任担当和实现可持续发展的内在要求做出的重大战略决策。中国承诺实现从碳达峰到碳中和的时间，远远短于发达国家所用时间，需要中方付出艰苦努力。中国将碳达峰、碳中和纳入生态文明建设整体布局，制定碳达峰行动计划，构建碳达峰、碳中和"1+N"政策体系，广泛深入开展碳达峰行动，支持有条件的地方和重点行业、重点企业率先达峰。中国将严控煤电项目,"十四五"时期严控煤炭消费增长、"十五五"时期逐步减少。此外,中国已决定接受《〈蒙特利尔议定书〉基加利修正案》,加强非二氧化碳温室气体管控,还将启动全国碳市场上线交易。

中方支持二十国集团在减少土地退化、保护珊瑚礁、应对海洋塑料垃圾等领域深化合作,打造更牢固的全球生态安全屏障,构筑尊重自然的生态系统。中国率先出资 15 亿元人民币,成立昆明生物多样性基金,支持发展中国家生物多样性保护事业。

中方秉持"授人以渔"理念,通过多种形式的南南务实合作,尽己所能帮助发展中国家提高应对气候变化能力。从非洲的气候遥感卫星,到东南亚的低碳示范区,再到小岛国的节能灯,中国应对气候变化南南合作成果看得见、摸得着、有实效。中方还将生态文明领域合作作为共建"一带一路"重点内容,发起了系列绿色行动倡议,采取绿色基建、绿色能源、绿色交通、绿色金融等一系列举措,持续造福参与共建"一带一路"的各国人民。

中国坚定支持以国际法为基础,维护公平合理的国际治理体系。反对"生态殖民""生态倾销",维护国际环境正义。着力防止单边主义,践行真正的多边主义,推动全球环境的多元治理。

参考 文献

[1] 习近平:《继往开来 开启全球应对气候变化新征程》,《人民日报》2020 年 12 月 13 日。

［2］习近平：《在二十国集团领导人利雅得峰会"守护地球"主题边会上致辞》，《人民日报》2020 年 11 月 23 日。

［3］习近平：《共同构建人与自然生命共同体》，《人民日报》2021 年 4 月 24 日。

［4］习近平：《共同构建地球生命共同体》，《人民日报》2021 年 10 月 13 日。

思 考 题

1. 如何理解构建人与自然命运共同体是全球环境治理的正确选择？

2. 谈谈中国在构建地球命运共同体所做的贡献。

3. 谈谈构建地球命运共同体的"中国方案"。

专题七

"一国两制"步伐坚定 行稳致远

——深刻理解坚持"一国两制"和推进祖国统一的重要意义

知识要点

完成祖国统一是党的十八大指出的三大历史任务之一，坚持"一国两制"和推进祖国统一，是新时代坚持和发展中国特色社会主义的基本方略。近年来，国际形势纷繁复杂，受外部势力的影响，台港澳形势面临新的严峻复杂局面。在新的形势下，我们要始终不渝坚持"一国两制"、"港人治港"、"澳人治澳"、高度自治的方针，深刻把握"爱国者治港"的内涵和原则，深刻理解、坚持和完善"一国两制"制度体系对保障香港、澳门长期繁荣稳定的重大意义，坚决防范和遏制外部势力干预港澳事务，坚定支持港澳发展经济、改善民生，保持香港、澳门长期繁荣稳定。我们要始终不渝地坚持一个中国原则和"九二共识"，加强两岸经济文化交流合作，推动两岸关系和平发展，深刻把握台海形势的新变化、新动向，坚决反对和遏制"台独"分裂活动，坚持对台工作大政方针，牢牢掌握两岸关系发展主导权和主动权，不断增强海内外全体中华儿女的民族认同感、文化认同感，同心共筑中华民族伟大复兴的中国梦。

知识点一
坚持"九二共识"推进两岸关系和平发展

当今世界形势正面临着两个大局，一个是中华民族伟大复兴的战略全局，另一个是世界百年未有之大变局。全球正呈现"西退东进"的新态势，一方面是中国的快速崛起，另一方面是西方社会的相对衰落。一场突如其来的新冠肺炎疫情又深刻改变了世界格局，更清晰地展现了两个大局的演变态势，加速了两个大局的历史进程。新旧格局的转变，新旧力量的碰撞，新旧观念的摩擦，使这个新时代既有和平发展，也出现了新的冲突、新的斗争形势；既有新的机遇，也面临新的挑战。

一、两岸关系处于严峻复杂的冷对抗局面

在两个大局背景下，两岸关系的形势走向也出现新的变化。2016 年民进党上台执政以来，拒不承认"九二共识"，两岸关系发展的基础遭到破坏，原来两岸关系和平发展的大好局面荡然无存，两岸关系处于严峻复杂的冷对抗局面。

民进党奉行"台独"路线，上台执政后掌握了台湾的行政、"立法"大权，控制了台湾的军队和情治部门，把握了台湾的主流媒体和教育机构，大势鼓吹和推动"去中国化"。"去中国化"的实质是慢慢地促使"中华民国台湾化"，是一种渐进式的"台独"。一段时间以来，两岸之间的官方、半官方联系中断，民间交流受到限制，甚至连中华文化在台湾也遭到排斥。尽管大陆方面一再表达诚意和善意，先后推出 31 条、26 条惠台措施，但也无法改变台湾当局"抗中保台"、仇视大陆的两岸政策，不能阻挡两岸政治上分离的趋势。2020 年台湾岛内举行选举，民进党获胜继续执政，更增加了"台独"势力的嚣张气焰，他们借助外部反华势力，不断制造两岸敌意，加紧进行谋"独"挑衅，加紧推动岛内"台独"分裂活动。

近年来，美国不断发动对华贸易战，大打"台湾牌"，企图利用台湾问

题、香港问题加大对华施压的力度，其手法更趋露骨，力度频次加大，直接挑战中国维护国家主权和领土完整的底线，严重破坏台海和平稳定，严重损害中华民族根本利益和两岸同胞切身利益。

自特朗普当选美国总统以来，美国对华推行强硬遏制战略，在国会接连通过严重干涉台湾问题的相关法律。比如，特朗普政府通过的《国防授权法案》规定包括助理国防部长在内的高级将领可以往来，通过的《台湾旅行法》规定包括双方最高领导人在内的高官可以互访，《台湾保证法》规定美国售台武器将常态化、美台可举行联合军演等，这些都公然挑战了一个中国原则，使改善两岸关系难上加难。民进党当局也甘当外部势力的棋子，积极配合美国，刻意制造两岸紧张气氛，诸如，在"立法院"修订所谓的"中共代理人法"，打压推动两岸交流的党派团体及人士，制造寒蝉效应。事实非常清楚：只要民进党在台湾执政，只要中美关系恶化，两岸关系就很难回到过去和平发展的祥和状态。如果台湾岛内"台独"势力执迷不悟，继续勾连外部势力，变本加厉谋"独"挑衅，只会加剧台海紧张动荡，把台湾同胞推向危险境地。

二、两岸是割舍不断的命运共同体

无数历史事实证明，台湾自古以来就是中国不可分割的一部分。两岸同根同源、同文同宗，心之相系、情之相融，有着共同的血脉、共同的文化、共同的连接、共同的愿景。不论是几百年前跨越"黑水沟"到台湾"讨生活"，还是几十年前迁徙到台湾，广大台湾同胞都是我们的骨肉天亲。"两岸一家亲"的骨肉亲情扎根于中华民族大家庭、扎根于五千年中华历史文化、扎根于两岸同胞休戚与共的血缘关系，是两岸同胞相互理解、以诚相待、携手同进的重要基础，也是抚平创伤、化解心结，推进现实问题解决的精神纽带。在历史的长河中，台湾同胞为了做中国人的尊严，保卫自己的家园，抛头颅、洒热血，牺牲无数，体现了中华民族爱国主义的核心价值。

在经济全球化深入发展、两岸联系日益密切的今天，两岸更是割舍不断的命运共同体，我们所追求的国家统一不仅是形式上的统一，更重要的是两岸同胞的心灵契合。为此，党的十九大报告指出，必须坚持一个中国原则，坚持"九二共识"，推动两岸关系和平发展，深化两岸经济合作和文化往来，推动两岸同胞共同反对一切分裂国家的活动，共同为实现中华民族伟大复兴而奋斗。

习近平总书记在 2019 年 1 月 2 日《告台湾同胞书》发表 40 周年纪念大会上的重要讲话进一步指出，广大台湾同胞具有光荣的爱国主义传统，是我们的骨肉天亲。我们坚持寄希望于台湾人民的方针，一如既往尊重台湾同胞、关爱台湾同胞、团结台湾同胞、依靠台湾同胞，全心全意为台湾同胞办实事、做好事、解难事。

近年来，台湾民情出现的一些新变化，广大爱国的台湾同胞求和平、求安定、求发展，希望两岸加强交流合作的心态没有改变，希望两岸关系和平发展、台海和平稳定的心声没有改变。

当前台海形势虽然复杂严峻，但逆流只能喧嚣一时，并不能改变两岸关系向前发展的历史大势。首先，海峡两岸的经济发展有着天然的互补性。大陆通过 70 多年的和平发展，尤其是改革开放 40 多年来，已经基本建成一个完善的、配套的工业体系，在科研领域已基本达到世界先进水平，具有较高的自主创新能力。加上大陆拥有 14 亿多人口的巨大市场，发展前景十分光明。而台湾一直在资金和企业管理等方面具有相对优势，如果能以大陆为腹地，搭上大陆经济高速发展的列车，取长补短，优势互补，对两岸的经济发展和民生福祉都是有百利而无一弊。其次，在大陆的几十万台商已经成为两岸融合发展的基础。从 1987 年台湾当局开放老兵探亲逾 30 多年来，先后来大陆投资创业的台商已达数十万人，在大陆有一万余个投资项目，投资总额有 1000 多亿美元。这些台商有相当一部分已经在大陆购房长期定居，后代在大陆上学，把台湾和大陆都看成自己的家，尽管目前的民进党当局一直煽动他们撤资返台，但是大多数不为所动。这些台商已经成为两岸关系稳定发展的重要力量，也成为两岸融合发展的积极参与者。再次，大陆对台湾同胞展现的诚意、善意和耐心给两岸关系和平发展留下了很大空间。尽管 2016 年以来台海局势出现重大变化，民进党当局不断恶化两岸关系，以习近平同志为核心的党中央深刻把握国际和台海形势变化，对台湾同胞始终秉持"两岸一家亲、共圆中国梦"的初心，一方面，以极大的耐心、深厚的情谊，排除各种干扰，维护两岸关系和平发展的大局，推出一系列惠台政策和有力举措，以实际行动体现对台湾同胞的关心照顾、维护台湾同胞的切身利益和发展诉求；另一方面，祖国大陆有效慑压外部势力介入和岛内"台独"势力挑衅，持续巩固国际社会一个中国格局，对台影响力、塑造力持续增强，两岸实力对比"我强台弱"的压倒性优势不断扩大。最后，大陆追求中华民族伟大复兴的中国梦是两岸同胞合作的最佳契机。习近平总书记指出，台湾问题因民族弱乱而产生，必将随着民族复兴而终结。中国特色社会主义进入新时代，新时代是中华民族大发展、大作为的时代，也是两岸同胞大发展、大作为的时代。如今大陆同胞正万众一心，努力为实现中华民族伟大复兴的中国梦而不懈奋斗。随着祖国大陆进一步发展强大和民主法治的不断完善，台海局势的主导权在大陆一方。当前台湾同胞出现一种集体焦虑，感觉到台湾在日益沉沦和边缘化，不知道台湾到底路在何方。从根本上讲，台湾的前途在于国家统一，台湾的发展离不开两岸合作，台湾同胞的福祉在于中华民族复兴，而民族复兴需要两岸同胞共同参与。

国家强大、民族复兴、两岸统一是历史大势，是任何人、任何势力都无法阻挡的。祖国和平统一系于民族复兴、成于遏制逆流、立于融合发展。祖国大陆是中华民族伟大复兴的引领者，是两岸同胞共同利益的守护者。坚持一个中国原则和"九二共识"，推动两岸关系和平发展符合两岸同胞共同利益。当前"台独"分裂势力的嚣张气焰是暂时的，"台独"绝对是一条走不通的死路。台湾的有识之士必须认清大势，顺应历史潮流，共同维护两岸关系和平发展的大局，共同争取和平统一的光明前景。只要两岸同胞齐心协力，共同为民族复兴打拼，以对话取代对抗，以合作取代斗争，以双赢取代零和，两岸关系发展就存在很大的空间，两岸关系改善完全可以行稳致远。

在2021年对台工作会议上，中共中央政治局常委、全国政协主席汪洋提到，针对当前及今后一个时期，台海形势仍然复杂严峻，对台工作面临的机遇和挑战都有新的变化。汪洋指出，要以习近平新时代中国特色社会主义思想为指导，认真贯彻落实党中央对台工作决策部署，"时"和"势"始终在我们这边。要准确识变、科学应变，增强风险意识，树牢底线思维，发扬斗争精神，把我们日益增长的综合实力、显著的制度优势转变为对台工作的效能，要坚决遏制"台独"分裂势力挟洋自重、谋"独"挑衅，充分展示维护国家主权、安全、发展利益的决心意志，决不允许任何人、任何势力以任何方式把台湾从祖国怀抱分裂出去。要支持台商台企抓住国家构建新发展格局的机遇，积极参与"十四五"规划实施、国家区域协调发展战略，支持福建探索海峡两岸融合发展新路。要打破民进党当局对两岸交流合作的限制阻挠，持续完善保障台湾同胞福祉和实现同等待遇的制度安排和政策措施，让台胞有更多获得感。各地区各部门要胸怀"国之大者"，提高政治判断力、政治领悟力、政治执行力，压实责任，加强协调，把加强党的全面领导落实到对台工作各方面全过程，把党中央相关决策部署不折不扣地落到实处，积极促进两岸关系和平发展、融合发展，推进祖国统一进程，为全面建设社会主义现代化国家开好局、起好步贡献力量。

骨肉相连，血浓于水。实现中华民族伟大复兴，是全体中国人共同的梦想。我们坚信，只要包括港澳台同胞在内的全体中华儿女顺应历史大势、共担民族大义，把民族命运牢牢掌握在自己手中，就一定能够共创中华民族伟大复兴的美好未来。

知识点二
落实"爱国者治港" 保持香港长期稳定

中国是包括港澳同胞、台湾同胞在内的海内外全体中国人的共同家园。

保持香港、澳门长期繁荣稳定，实现祖国完全统一，是实现中华民族伟大复兴的必然要求。

一、"一国两制"是中华民族的一个伟大创举

"一国两制"是30多年前邓小平同志以超凡的勇气和胆略提出的，就是在一个统一的国家内，国家主体实行社会主义制度，个别地区依法实行资本主义制度。按照"一国两制"的指引，通过外交谈判，顺利解决了历史遗留的香港、澳门问题，改变了历史上但凡收复失地都要大动干戈的所谓定式。"一国两制"由伟大构想变成生动现实，展现出强大生命力。事实证明，"一国两制"是解决历史遗留的香港、澳门问题的最佳方案，也是香港、澳门回归后保持长期繁荣稳定的最佳制度，在人类政治文明史上书写了精彩夺目的篇章。

党的十九大报告指出，香港、澳门回归祖国以来，"一国两制"实践取得举世公认的成功。这是包括港澳同胞在内的全国人民的共识，也是世界上所有致力于和平与发展的有识之士的共识。"一国两制"是中国的一个伟大创举，是中国为国际社会解决类似问题提供的一个新思路新方案，是中华民族为世界和平与发展作出的新贡献，凝结了海纳百川、有容乃大的中国智慧。

香港、澳门从回到祖国怀抱之日起，就重新纳入国家治理体系，中央依法对香港、澳门实行全面管治，与之相应的特别行政区制度和体制得以确立。同时，香港、澳门特别行政区依法实行高度自治，充分行使行政管理权、立法权、独立的司法权和终审权，原有资本主义制度和生活方式保持不变，

法律基本不变，香港、澳门居民享有比历史上任何时候都更广泛的民主权利和自由。

香港、澳门回归祖国以来，虽然经历了亚洲金融危机、非典疫情、国际金融危机的冲击，但仍然保持繁荣稳定的局面。从 1997 年到 2019 年，香港本地生产总值从 1.37 万亿港元增长到 2.86 万亿港元，在发达经济体中位居前列，巩固了国际金融、航运、贸易中心地位，继续被众多国际机构评选为全球最自由经济体和最具竞争力的地区之一。从 1999 年到 2019 年，澳门本地生产总值从 502.7 亿澳门元增加到 4347 亿澳门元，增长 8 倍多，实现跨越式发展，跻身世界富裕城市前列。香港、澳门的教育、医疗卫生、文化体育、社会保障等各项事业取得长足进步，对外交往和国际影响力日益扩大，中西文化交融荟萃的魅力更胜往昔。（2020 年受新冠肺炎疫情影响，港澳两地经济也受到较大冲击。）

"一国两制"实践取得巨大成功，是后人继承前人、接力向前推进的结果。党的十八大以来，以习近平同志为核心的党中央全面准确贯彻"一国两制"方针，牢牢掌握宪法和基本法赋予的中央对香港、澳门全面管治权，深化内地和港澳地区合作发展，妥善应对和处理一系列重大问题，推动"一国两制"事业开创新局面、迈上新台阶。尤其是中央谋划和推进国家整体发展战略，始终重视发挥"一国两制"的制度优势，鼓励和支持港澳找准定位、发挥所长，积极对接国家发展规划，努力实现长期繁荣稳定。近年来，内地与香港、澳门分别在更紧密经贸关系安排框架下签署服务贸易协议，"沪港通""深港通""债券通"等金融市场互联互通机制有序开启，香港离岸人民币业务全面发展，港珠澳大桥、广深港高铁等基建项目加速推进，粤港澳大湾区建设为港澳发展提供了新的重大机遇。在中央政府和祖国内地的大力支持下，港澳发展动力更加强劲、发展空间更加广阔、发展前景更加光明，融入中华民族伟大复兴壮阔征程的步伐不断加快，广大港澳同胞对港澳保持繁荣稳定的信心、对国家发展和民族复兴的信心不断增强。

二、正视"一国两制"实践中的新情况新问题

香港回归以来，国家坚定贯彻"一国两制"、"港人治港"、高度自治的方针，"一国两制"实践在香港取得了前所未有的成功，但作为一项前无古人的事业，"一国两制"实践不会一帆风顺，在历史发展进程中不可避免会遇到一些新情况、新问题，面临新的风险和挑战。比如，香港维护国家主权、安全、发展利益的制度还需完善，对国家历史、民族文化的教育宣传有待加强，社会在一些重大政治法律问题上还缺乏共识；经济发展也面临不少挑战，传统优势相对减弱，新的经济增长点尚未形成，住房等民生问题比较突出。

尤其是这两年受国际政治格局深刻变化的影响，香港面临的一个突出问题就是地区国家安全风险日益凸显。2019年香港发生"修例风波"以来，反中乱港势力公然鼓吹"港独""自决""公投"等主张，从事破坏国家统一、分裂国家的活动；公然侮辱、污损国旗国徽，煽动港人反中反共、围攻中央驻港机构、歧视和排挤内地在港人员；蓄意破坏香港社会秩序，暴力对抗警方执法，毁损公共设施和财物，瘫痪政府管治和立法会运作。一些外国和境外势力近年来也公然干预香港事务，通过立法、行政、非政府

组织等多种方式进行插手和捣乱，与香港反中乱港势力勾连合流、沆瀣一气，为香港反中乱港势力撑腰打气、提供保护伞，利用香港从事危害我国国家安全的活动。这些行为和活动，严重挑战"一国两制"原则底线，严重损害法治，严重危害国家主权、安全、发展利益，必须采取有力措施依法予以防范、制止和惩治。

这些行为和活动，都严重挑战"一国两制"原则底线，严重损害香港特别行政区的宪制秩序和法治秩序，严重挑战《中华人民共和国宪法》（以下简称《宪法》）、《中华人民共和国香港特别行政区基本法》（以下简称《香港基本法》）、《中华人民共和国香港特别行政区维护国家安全法》（以下简称《香港国安法》）权威，严重危害国家主权、安全、发展利益，严重破坏香港社会大局稳定，必须予以坚决反对并采取有力措施依法予以防范、制止和惩治。2019 年 6 月香港"修例风波"发生以来，"港独"分子、激进分离势力和反对派的活动已经严重践踏香港法治，破坏社会稳定，重创香港经济，损害香港的营商环境和国际形象，影响外来投资者对香港的信心。国际权威机构连番下调香港的信贷评级，香港痛失连续保持了 25 年的全球自由经济体地位，全球金融中心排名也跌至第 6 位。这两年，香港经济大幅收缩，失业率居高不下。这正是香港面临的严峻现实。

三、完善相关法律制度确保"一国两制"方针不动摇

维护国家安全是香港繁荣稳定的基础和前提。及时填补国家安全漏洞，全面完善法律制度，采取有效措施止暴治乱，恢复香港良好法治环境和营

商环境，符合香港社会各阶层、各界别以及外来投资者的共同利益，也是保持香港作为国际金融、贸易、航运中心地位的重要条件。

1982 年 12 月 4 日，五届全国人大五次会议修订的《宪法》，即我国现行宪法，专门就国家实行"一国两制"作出宪制性制度安排。根据《宪法》，七届全国人大三次会议于 1990 年通过了《香港基本法》。根据《宪法》和《香港基本法》的有关规定，十三届全国人大三次会议 2020 年 5 月 28 日审议通过《全国人民代表大会关于建立健全香港特别行政区维护国家安全的法律制度和执行机制的决定》。党的十三届全国人大四次会议 2021 年 3 月 11 日审议通过《全国人民代表大会关于完善香港特别行政区选举制度的决定》。这是两项维护国家安全、切实贯彻"一国两制"、促进香港长期繁荣稳定的重要法律。

1. 建立健全香港特别行政区维护国家安全的法律制度和执行机制的必要性和重要性

《香港基本法》第二十三条规定："香港特别行政区应自行立法禁止任何叛国、分裂国家、煽动叛乱、颠覆中央人民政府及窃取国家机密的行为，禁止外国的政治性组织或团体在香港特别行政区进行政治活动，禁止香港特别行政区的政治性组织或团体与外国的政治性组织或团体建立联系。"这一规定就是通常所说的"23 条立法"。它既体现了国家对香港特别行政区的信任，也明确了香港特别行政区负有维护国家安全的宪制责任和立法义务。

然而，香港回归 20 多年来，由于反中乱港势力和外部敌对势力的极力阻挠、干扰，"23条立法"一直没有完成。而且，自2003年"23条立法"受挫以来，这一立法在香港已被一些别有用心的人严重污名化、妖魔化，香港特别行政区完成"23条立法"实际上已经很困难。香港现行法律中一些源于回归之前、本来可以用于维护国家安全的有关规定，长期处于"休眠"状态。除了法律制度外，香港特别行政区在维护国家安全的机构设置、力量配备和执法权力等方面存在明显缺失，有关执法工作需要加强；香港社会需要大力开展维护国家安全的教育，普遍增强维护国家安全的意识。《香港基本法》明确规定的"23条立法"有被长期"搁置"的风险，香港特别行政区现行法律的有关规定难以有效执行，维护国家安全的法律制度和执行机制都明显存在不健全、不适应、不符合的"短板"问题，致使香港特别行政区危害国家安全的各种活动愈演愈烈，保持香港长期繁荣稳定、维护国家安全面临着不容忽视的风险。

党的十九届四中全会明确提出："建立健全特别行政区维护国家安全的法律制度和执行机制。"绝不容忍任何挑战"一国两制"底线的行为，绝不容忍任何分裂国家的行为。贯彻落实党中央决策部署，在香港目前形势下，必须从国家层面建立健全香港特别行政区维护国家安全的法律制度和执行机制，改变国家安全领域长期"不设防"状况，在《宪法》和《香港基本法》的轨道上推进维护国家安全制度建设，加强维护国家安全工作，确保香港"一国两制"事业行稳致远。

根据《宪法》和《香港基本法》，结合多年来国家在特别行政区制度构建和发展方面的实践，针对当前香港出现的社会问题，非常有必要从国家层面建立健全香港特别行政区维护国家安全的法律制度和执行机制。中央和国家有关部门在对各种因素进行综合分析、评估和研判的基础上，经认真研究并与有关方面沟通后提出了采取"决定 + 立法"的方式，分两步予以推进。2020 年 5 月 18 日，第十三届全国人民代表大会常务委员会第十八次会议听取和审议了《国务院关于香港特别行政区维护国家安全情况的报告》。根据《宪法》和《香港基本法》的有关规定，全国人大常委会法制工作委员会拟订了《全国人民代表大会关于建立健全香港特别行政区维护国家安全的法律制度和执行机制的决定（草案）》，经全国人大常委会会议审议后决定，由全国人大常委会提请十三届全国人大三次会议审议。2020 年 6 月 30 日，全国人大常委会表决全票通过《中华人民共和国香港特别行政区维护国家安全法》，并将其列入《香港基本法》附件三。根据《香港基本法》第十八条规定："凡列于基本法附件三之法律，由香港特别行政区在当地公布或立法实施。"

由香港特区行政长官林郑月娥签署，香港特区政府 2020 年 6 月 30 日宣布，《中华人民共和国香港特别行政区维护国家安全法》当日刊宪，于当晚 11 时正式生效。特区政府发言人随即表示，这次立法的目的是要切实防范、制止和惩治任何分裂国家、颠覆国家政权、恐怖活动、勾结外国或境外势力危害国家安全的犯罪行为，针对的是极少数违法犯罪的人，保障的是香港绝大多数居民的生命财产以及依法享有的各项基本权利和自由。香港居民正当行使这些权利时，无须担心触犯国家安全法律。据此，香港在国家安全方面的长期"不设防"状态得到改变，一道保障香港长期繁荣稳定的"防波堤"开始筑起。

2. 完善香港特别行政区选举制度的必要性和重要性

香港回归祖国后重新纳入国家治理体系，《宪法》和《香港基本法》共同构成香港特别行政区的宪制基础。香港特别行政区实行的选举制度包括行政长官的产生办法和立法会的产生办法，是香港特别行政区政治体制的重要组成部分，应当符合"一国两制"方针，符合香港特别行政区实际情况，确保"爱国者治港"，有利于维护国家主权、安全、发展利益，保持香港长期繁荣稳定。香港回归以来，国家也始终坚持全面准确贯彻落实"一国两制"、"港人治港"、高度自治的方针，坚持依法治港，维护《宪法》和《香港基本法》确定的香港特别行政区宪制秩序，支持香港特别行政区民主发展，保障香港特别行政区居民依法行使民主权利。

但近几年香港社会出现的一些乱象表明，香港特别行政区现行的选举制度机制存在明显的漏洞和缺陷，为反中乱港势力夺取香港特别行政区管治权提供了可乘之机。为此必须采取必要措施完善香港特别行政区选举制度，消除制度机制方面存在的隐患和风险，确保以爱国者为主体的"港人治港"，确保在香港特别行政区依法施政和有效治理，确保香港"一国两制"实践始终沿着正确方向前进。

早在 1984 年 6 月，邓小平同志就明确指出，"港人治港"有个界线和标准，就是必须由以爱国者为主体的港人来治理香港。什么叫爱国者？爱国者的标准是尊重自己的民族，诚心诚意拥护祖国恢复行使对香港的主权，不损害香港的繁荣和稳定。

香港自古以来就是中国的领土，香港特别行政区是中华人民共和国不可分离的部分，是中华人民共和国的一个享有高度自治权的地方行政区域、直辖于中央人民政府。"爱国者治港"是"一国两制"方针的应有之义。《香港基本法》关于香港特别行政区行政长官以及行政机关、立法机关、司法机关组成人员的规定，贯穿着由以爱国者为主体的"港人治港"的原则，要求行政长官、主要官员、行政会议成员、立法会议员、各级法院法官和其他司法人员都必须拥护《香港基本法》，效忠中华人民共和国香港特别行政区。

党的十九届四中全会明确，坚持和完善"一国两制"制度体系。必须严格依照《宪法》和《基本法》对香港特别行政区、澳门特别行政区实行管治，维护香港、澳门长期繁荣稳定。2021年1月27日，习近平总书记在听取香港特别行政区行政长官2020年度述职报告时强调，香港由乱及治的重大转折，再次昭示了一个深刻道理，那就是要确保"一国两制"实践行稳致远，必须始终坚持"爱国者治港"。这是事关国家主权、安全、发展利益，事关香港长期繁荣稳定的根本原则。只有做到"爱国者治港"，中央对特别行政区的全面管治权才能得到有效落实，《宪法》和《基本法》确立的宪制秩序才能得到有效维护，各种深层次问题才能得到有效解决，香港才能实现长治久安，并为实现中华民族伟大复兴作出应有的贡献。香港特别行政区实行的选举制度，包括行政长官的产生办法和立法会的产生办法，必须切实贯彻和全面体现以爱国者为主体的"港人治港"的政治原则和标准并为此提供相应的制度保障。

《全国人民代表大会关于完善香港特别行政区选举制度的决定》是根据《宪法》第三十一条和第六十二条第二项、第十四项、第十六项的规定，以及《香港基本法》《香港国安法》的有关规定，充分考虑了完善香港特别行政区有关选举制度的现实需要和香港特别行政区的具体情况，就完善香港特别行政区选举制度，推动适合香港特别行政区实际的民主政治制度发展，作出的新的宪制性制度安排，党的十三届全国人大四次会议 2021 年 3 月 11 日审议通过了这个决定。这一制度安排，符合《宪法》规定和《宪法》原则，符合《香港基本法》，具有坚实的政治基础和法治基础，从制度机制上全面贯彻、体现和落实"爱国者治港"的原则，确保管治权牢牢掌握在爱国爱港力量手中。

国家安全根基牢固，社会大局稳定，才能为解决经济民生等深层次矛盾和问题创造良好环境、赢得更大空间。在香港维护国家安全面临严峻形势且无法自行完成有关立法的情况下，中央采取果断措施，从国家层面建立健全香港维护国家安全的法律制度和执行机制，完善香港特别行政区选举制度，补上香港维护国家安全的法律漏洞和制度短板，消除香港长期繁荣稳定的主要隐患，香港才能迎来变乱为治、重返正轨的转机。这两项重要法律规定，把维护中央对特别行政区全面管治权和保障特别行政区高度自治权有机结合起来，符合香港特别行政区实际情况，充分体现了坚决维护国家安全，坚持和完善"一国两制"制度体系，坚持依法治港，坚决反对外来干涉，切实保障香港居民合法权益，切实提高香港特别行政区治理效能的基本原则，这既是有效防控国家安全风险的当务之急，也是确保香港长期繁荣稳定和长治久安的治本之策和制度保障，有利于确保"一国两制"方针不会变、不动摇，确保"一国两制"实践不变形、不走样。

本固则枝荣，根深则叶茂。可以预见，当香港特别行政区相关制度得到完善，当"爱国者治港"得到全面落实，香港才能真正实现重新出发，迎来光明美好的明天。

知识点三
支持澳门多元发展更好融入国家发展大局

澳门是一个开放程度极高的外向型微型经济体，回归祖国后，在中央政府和祖国内地的大力支持下，澳门特别行政区历届政府和社会各界齐心协力、团结奋斗，开创了澳门历史上美好的发展局面。澳门已从一座寂静清冷的小城蜕变成为亚洲最富裕的天堂，这一巨变被誉为"澳门奇迹"。

一、回归 20 多年澳门经济社会取得巨大发展

回归祖国之前，澳门有"东方蒙地卡罗"或"东方拉斯维加斯"之称。博彩娱乐业在澳门开埠之初就已经存在，1847 年澳葡政府正式将博彩业合法化。博彩业自此成为澳门重要的经济产业之一。澳门回归前，博彩业长期以来实行专营权制度。直到回归后，澳门特区政府决定开放博彩业专营权，打破澳门旅游娱乐有限公司的垄断局面，引入适度开放与竞争的新政策，确立了"以博彩旅游业为龙头、以服务业为主体，其他行业协调发展"的经济发展策略。

1998 年，澳门的博彩收入仅相当于拉斯维加斯的 41%。回归后，在中央政府的大力支持下，澳门特区政府厉行整治日趋恶化的治安环境后，博

彩业快速发展，行业增加值从 2002 年 211.88 亿澳门元增长至 2018 年的 2208.41 亿澳门元，增长了近 10 倍。

在博彩业的带动下，建筑业、金融业和其他服务业也得到了稳步发展，行业增加值均增长 7~10 倍。自从 2003 年内地开放居民赴澳个人游以来，大批内地游客赴澳旅游观光，进一步刺激了澳门的博彩旅游业。澳门的入境旅客数量更是从 1999 年的 744.39 万人次提高到了 2018 年的 3580.83 万人次，增长了近 4 倍。

近 20 年来，澳门本地生产总值从 1999 年的 519 亿澳门元大幅增至 2018 年的 4447 亿澳门元，增长了近 8 倍，实现了跨越式发展，人均 GDP 也由 1999 年的 12 万澳门元跃升至 2018 年的 67 万澳门元，是 20 年前的 5.5 倍，位列世界前茅。2018 年，澳门的月工作收入已经达到 1.6 万澳门元，是 20 年前的 3 倍多。据国际货币基金组织发布的 2018 年世界人均 GDP 排名显示，中国澳门位列全球第三，仅次于卢森堡和瑞士。发展经济，改善民生一直是澳门特区政府的重要施政理念。在博彩业的带动下，回归以来澳门社会经济快速发展，政府财政盈余逐年增加，为民生改善打好基础，与市民共同分享经济发展成果，不断提升各项民生福利水平。

澳门 20 多年来社会保持和谐稳定，经济实现跨越发展，人民生活持续改善，民主步伐稳步向前，广大居民安居乐业，多元文化丰富多彩，国际影响不断提升，能够取得这样的成绩，最重要的是澳门特别行政区政府团结社会各界人士，全面准确理解和贯彻"一国两制"方针，坚定维护《宪法》和《中华人民共和国澳门特别行政区基本法》（以下简称《澳门基本法》）权威，传承爱国爱澳的核心价值观，向世界展示了具有澳门特色的"一国两制"的成功实践。

1982 年 12 月 4 日，五届全国人大五次会议修改后的《宪法》，即我国现行宪法，专门就国家实行"一国两制"作出宪制性制度安排。根据《宪法》，八届全国人大一次会议于 1993 年通过了《澳门基本法》。澳门回归 20 年来，《澳门基本法》为澳门全面准确贯彻"一国两制"方针、保持长期繁荣稳定提供了法律保障。在《宪法》和《澳门基本法》的保障下，广大澳门同胞依法享受着前所未有的广泛权利和自由，作为祖国大家庭的成员，拥有参与管理国家事务的民主权利，作为澳门的主人翁，承担起了管理好、建设好澳门的历史责任。

二、坚持"一国两制"更好融入国家发展大局

党的十九届四中全会把"坚持'一国两制'，保持香港、澳门长期繁荣稳定，促进祖国和平统一"作为我国国家制度和治理体系所具有的 13 个显著优势之一，充分印证了"一国两制"在我国国家制度和治理体系中的特殊重要地位。

澳门好，祖国好；祖国好，澳门会更好，这是公认的事实。坚守"一国"之本、善用"两制"之利，是澳门繁荣稳定的根本。早在 2009 年，澳门特别行政区就制定了《中华人民共和国澳门特别行政区维护国家安全法》，在两个特别行政区中率先落实《基本法》第二十三条规定的宪制责任。此后，澳门特别行政区进一步推进各领域配套立法，成立维护国家安全的专门机构，举办各类国家安全宣传教育活动，构建全面维护国家安全

的防护体系。2016 年 11 月全国人大常委会对《香港基本法》第一百零四条作出解释后，澳门特别行政区未雨绸缪，主动修订立法会选举制度，增加"防独"条款，明确规定参选人必须拥护《澳门基本法》、效忠澳门特别行政区，并且立法会议员不得兼任其他国家的政治职务。2017 年 11 月，全国人大常委会将《中华人民共和国国歌法》列入《澳门基本法》附件三。澳门特别行政区很快就相应修改了《国旗、国徽及国歌的使用及保护》本地法律，确保《中华人民共和国国歌法》各项规定在澳门当地得到贯彻实施。20 多年来，稳定繁荣的澳门特别行政区凭借营商环境好、市场发育程度高等方面的优势，成为国家双向开放、国际人文交流的重要桥头堡，为国家改革开放和现代化建设事业作出了重要贡献，真正实现了与祖国内地相互促进、共同发展，彰显了"一国两制"的强大生命力。

深化粤澳合作，是中央支持澳门长期繁荣稳定的重要举措。党的十八大以来，在以习近平同志为核心的党中央坚强领导下，粤港澳大湾区全面落实《内地与香港关于建立更紧密经贸关系的安排》(Closer Economic Partnership Arrangement，CEPA) 及粤澳合作框架协议，扎实推进粤港澳大湾区建设，粤澳合作在机制建设、平台建设、互联互通、经贸合作、社会民生等领域取得显著成效。2019 年 2 月，中共中央、国务院印发了《粤港澳大湾区发展规划纲要》。这是由习近平总书记亲自谋划、亲自部署、亲自推动的国家区域发展战略，为香港、澳门未来的发展提供新的重大机遇。

澳门特别行政区充分认识到融入国家发展大局的现实需要和战略意义，

充分发挥"一国之利、两制之便"的制度优越性，将"一国两制"的制度优势转化为实际的治理效能。在中央的全力支持下，澳门特别行政区积极响应粤港澳大湾区发展规划的要求，高度重视和全面谋划澳门在国家发展整体布局中的地位和作用，坚持走经济适度多元可持续发展的道路，努力建设世界旅游休闲中心、中国与葡语国家商贸合作服务平台，以及以中华文化为主流、多元文化共存的交流合作基地，吹响了新时代、新澳门、新发展的集结号。

未来，随着粤港澳大湾区的城际经济联系日益增强，澳门也将借着祖国内地强有力的支持，提高澳门自身竞争力，进一步深化粤港澳大湾区内合作，拓展澳门特区发展空间。尽管在未来"一国两制"的实践过程中还会不断碰到新情况、新问题、新挑战，但有了这20多年成功实践积累的雄厚基础和丰富经验，无论是中央政府、澳门特别行政区政府，还是澳门社会各界人士，在应对和处理时都将更加自信。澳门同胞一定能不断续写具有澳门特色的"一国两制"成功实践新篇章。

参考文献

[1]《习近平听取林郑月娥述职报告》，《人民日报》2021年1月28日。

[2]《习近平听取贺一诚述职报告》，《人民日报》2021年1月28日。

[3]《习近平同党外人士共迎新春 代表中共中央，向各民主党派、工商联和无党派人士，向统一战线广大成员，致以诚挚的问候和新春的祝福》，《人民日报》2021年2月2日。

1. 如何认识国家强大、民族复兴、两岸统一是历史大势？

2. 如何全面准确理解坚持"一国两制"方针和坚持"爱国者治港"

原则是确保香港澳门长治久安和长期繁荣稳定的制度保障？